KB237431

신비주의

요가, 영지주의, 연금술, 수피주의

차례
Contents

신비주의란 무엇일까?

신비주의의 확산추세

1987년 6·29선언 이후부터 이루어지기 시작한 민주화의 진전으로, 그리고 1989년 동유럽 사회주의권 국가들의 몰락과 1992년 소비에트 연방제의 해체로 사회변혁운동은 급격히 쇠퇴하였다. 반면 다양한 형태의 신비주의는 확산되어 나가기 시작하였다. 사회운동권에 커다란 파장을 일으켰던 김지하의 생명사상도 신비주의 유파의 하나이고, 대중적인 인기를 모았던 김용옥의 TV 노자 강의의 핵심내용도 신비주의이다.

최근에는 거세게 부는 웰빙의 바람을 타고 요가와 명상에 대한 수요가 급증하고 있다. 심지어는 다양한 종류와 여러 전통의 신비체험 상품을 24시간 제공하는 명상편의점까지 등장한 상태이다. 미국에서도 마찬가지이다. 9·11사태 이후 요가인구가 급격히 늘어나 5백만에 이를 정도라고 한다. 파룬궁은 1억 인구 이상의 거대조직으로 급성장하여 중국정부를 긴장시키고 있다.

서유럽의 근대 합리주의와 과학주의가 우리의 사고방식과 가치관을 완전히 지배하고 있는 오늘날, 대부분의 사람들은 신비주의에 대한 강한 거부감을 가지고 있다. 혹세무민하는 위험한 것, 불합리하고 몰역사적이며, 현실도피적인 것으로 여기기 때문이다. 그런데도 신비체험 상품에 대한 수요는 갈수록 증가하고 있다.

그뿐만이 아니다. 국내적으로는 보수와 진보로 나뉘어 평행선을 달리는 갈등양상을 보이고, 국제적으로는 사무엘 헌팅톤류의 문명충돌론이 각광을 받으면서 신비주의에 대한 관심도 고조되어 가고 있다. 9·11사태를 기점으로 기독교문명권, 이슬람문명권, 그리고 중국문명권의 3극구도가 형성되었고, 서구의 오만함과 배타적 지배력, 아랍의 적대적 저항력과 전투성, 중국의 급부상과 저력으로 서양과 동양간의 양극화된 문명충돌이 이미 시작되었다는 주장들이 설득력을 얻어가고 있다. 사회주의권의 붕괴 이후 가속화된 세계화는 지구공동체의 형성이 아니라 민족집단과 국가들 간의 분리와 분쟁만 가중시키고 있기 때문이다. 즉, 민족국가 단위의 국민경제가 세계경제로 흡수되고, 미국의 생활방식과 표현양식으로의 동질화가 전 지구적 차원에서 진행되는 것과 반대로, 세계는 자기문명 중심의 패권주의와 분열주의로 치닫고 있기 때문이다. 이러한 상황에서 왜 사람들은 신비주의에 관심을 갖는 것일까? 일종의 현실도피인가? 불안제거 수단의 하나인가? 아니면 세계모순의 근본적인 해결책인가?

신비주의의 의미

과연 신비주의는 무엇일까? 혹세무민으로 치부할 수 없는 그 무엇이 있는 것은 아닐까? 합리주의와 물질주의에 빠져있는 우리의 상식으로 이해되지 않는 것뿐이지, 손익계산의 합리성과 수단의 효율성을 능가하는 고차원의 합리성을 지니고 있는 것은 아닐까? 인류역사의 뿌리 깊은 문제, 즉 분열과 분리, 대립과 분쟁, 적대와 전쟁을 근본적으로 해소할 수 있는 무언가가 신비주의 안에 감추어져 있는 것은 아닐까?

고대에서 현대에 이르기까지 수많은 사람들이 사용한 신비주의의 가장 일반적인 의미는, 황홀경이나 열락과 같은 초월체험과 초월의식의 상태를 지칭하는 것이다. 그러나 초월의 경험상태와 의식상태의 구체적인 내용은, 백이면 백 천이면 천 모두 다르다. 신비주의의 구체적인 의미는 사람마다 다르고, 시대와 상황에 따라 달라진다. 게다가 여러 다양한 언어와 관습, 문화와 종교전통을 반영하기 마련이므로, 신비주의의 의미는 대단히 다양하다. 1899년 잉에(Inge)가 신비주의의 개넘정의를 25개로 분류하여 제시한 것에서도 신비주의라는 용어의 다의성이 그대로 드러난 셈이다.

우리가 말로는 도저히 표현할 수 없기 때문에 신비주의로 표현하는 초월의식과 초월경험의 내용은 무수히 다양하다. 그러나 그 외형상의 다양성과 차이성을 넘어서 공통성도 존재한다. 그 공통성이 바로 하나됨이다. 생에 대한 무한한 희열과 기쁨은 하나됨의 체험으로부터 온다. 그것이 스치는 바람이든, 밤하늘에 투명하게 빛나는 별이든, 가지마다 흐드러지게 피어오른 화사한 봄꽃이든, 재잘대며 흐르는 계곡물이든, 플라타너스 나무 아래에서 뛰노는 아이들의 해맑은 웃음소리든 그 자체와 하나되는 순간, 우리는 깊은 행복감을 맛보게 된다.

뭇 존재와 하나되는 무한한 행복감은, 우리가 '나'로 여기고 있는 에고가 완전히 없어졌을 때에만, 즉 우리가 자기주장을 온전히 철회하였을 때에만 일어난다. 그런 신비체험에는 또 다른 공통성이 있다. 다른 존재와의 하나됨의 열쇠인 자기초월 즉 '나'의 사라짐은, 자기상실을 의미하는 것이 아니라 자기의 본래성, 신성의 회복을 의미한다는 점이다. 우리는 '나'를 버리기를 두려워한다. '나'를 버리면 아무것도 남지 않으며, 아무것도 이룰 수 없을 것으로 생각하기 때문이다. 그러나 사라지는 것은 단지 에고일 뿐이다. 즉, 사회화 과정에서 부모와 교사, 친구와 동료, 사회규범과 규칙, 관습과 권위 등에 의하여 억압당하고 상처받으면서, 또한 억압하고 상처주면서 만들어진 가상의 존재일 뿐이다. 남의 기대에 부응하고자,

인정받고자, 살아남고자, 다른 사람들보다 높아지고자 노심초
사하는 과정에서 구성된 상처투성이의 자아만 사라지는 것이
다. 온갖 모순된 생각과 감정의 덩어리로 구성된 자아가 사라
지면 아무것도 없는 것이 아니다. 사물은 투명하게 있는 그대
로의 참모습을 드러낼 것이고, 우리의 참된 실재, 진아의 찬란
한 신성이 발현되어 나올 것이다. 우리 내면의 무한자, 절대자,
영원자와 직접 만나게 되는 것이다. 우리가 신(神)임을 직접체
험으로 깨닫게 되는 것이다. 인간의 신과의 하나됨, 신인합일
의 체험은 모든 신비주의에 보편적으로 나타나는 공통요소이
면서 동시에 핵심요소이다.

인성과 신성

신비체험의 경험이 없는 우리에게는 "인간은 신이다"라는
말이 황당하게만 들린다. 특정교파의 정통교리에 충실한 사람
들에게는 신성모독이나 이단의 말로 들릴 수도 있다. 그러나
잠시 흥분을 가라앉히고 논리적으로 생각해보면 이것을 허무
맹랑한 요설이라고만 간주하기에는 어려운 측면이 있다. 인간
은 분명히 불완전한 존재이고 유한한 존재이다. 그런 인간이
완전하고 무한한 것을 생각하고, 영원한 것을 추구한다. 인간
이 유한자에 불과하다면, 과연 그것이 가능할까? 우리 안에 완
전자, 무한자가 없다면 우리가 어떻게 신을 알 수 있을까? 어
떻게 신을 이야기할 수 있을까? 그것은 아마도 불가능할 것이

다. 완전과 궁극, 우주와 무한, 영원과 절대를 상정할 수 있는 것은 우리 인간에게 신이 내재해 있기 때문일 것이다.

신에 대한 외현성의 측면도 인간이 신이라는 사실을 부정하기 어렵게 만든다. 우리는 신의 섭리나 역사를 쉽게 이야기한다. 그러나 신이 구체적으로 활동하는 모습을 본 사람이 있는가? 신은 스스로 활동하지 못하고 언제나 인간을 통하여 작용한다. 인간 없이 신은 아무것도 할 수 없다. '신의 형상으로 만들어진 인간은 신과 같다'는 신의 모상으로서의 인간개념은, 인간이 신의 외양을 닮았다는 의미가 아니라 내면의 신성이 같다는 뜻이다.

인류의 문화전통 역시 신인동일(神人同一) 사상을 거부하기 힘든 근거이다. 인간에게 물과 공기와 같은 문화를 대표하는 것은 언어이다. 세계의 모든 문화권에는 인간의 신성을 지시하는 용어가 존재한다. 중국에서는 인간의 신성을 지칭하는 용어로 '자성'(自性)이나 '천성'(天性)이라는 말이 쓰이고, 힌두문화권에서는 '아트만'이라 한다. 불가의 표현으로는 '불성'이나 '진여'가 가장 널리 알려진 말이다. 유가나 도가, 선가나 동학사상에서는 '하늘'이라 부르고 있다. 서양의 기독교권에서는 '성령'이나 '그리스도성'으로 표기하며, 현상학의 철학전통에서는 존재자(beings)에 대비되는 '존재'(Being)로 규정한다. 인류의 문화전통으로서도 인간의 신성은 부정할 수 없는 현실이다.

인간은 하늘이고 하나님이다. 그러나 어디까지나 순수의식이나 본래성으로서만 하느님이다. 우리 인간이 자기 자신과 동일시하고 있는 인성으로서의 자아나 에고가 아니다. 앞에서도 말했지만, 자아나 에고는 실체도 아니고 주체도 아니다. 이 사실은 미국의 사회심리학자인 쿨리(Cooley)의 사회화 이론에서도 입증된다. 그의 거울자아론에 의하면 자아의 구성요소는 3가지이다.[1] 타인에 비친 나의 상, 타인에 비친 나의 상에 대한 타인의 평가, 그리고 타인의 평가에 대한 나의 느낌에 의해서 구성된 것이 자아이다. 자아에는 주체인 '내'가 없다. 자아는 우리가 중요한 존재로 생각하는 남들의 기대나 바람으로 구성된 허상에 불과하다. 타자의 반응과 평가에 따라 울고 웃는 과정에서 만들어진 것이 우리가 나로 생각하는 자아이다. 그래서 사회학자 미드(Mead)가, 자아는 'I'가 아니라 'me'이고, 일반화된 타자이며, 세상살이 규칙이라고 주장하였던 것이다.[2]

우리는 자아나 에고가 전부인 줄로 알고 있다. 자아의 허구성과 객체성에도 불구하고 우리는 그것이 실체 혹은 주체라 믿고, 그것에 매달려 그것을 놓으면 큰일 날 것으로 생각하며 살고 있다. 그러나 자아를 움켜잡고 있는 한, 우리의 삶은 늘 불안하고 고통스럽다. 자아에 속박되어 있는 정도가 클수록 우리는 점점 작아지고 편협해진다. 그리고 자기의 신성에 대한 체험 가능성은 점점 희박해진다. 자아의 자기한계, 자기규정, 자기방식, 자기세계를 벗어나지 않는 한, 사랑하는 사람과도 하나됨을 체험할 수 없다.

우리 인간에게 가장 직접적이고 가장 충만하며 가장 행복한 황홀경은, 서로 사랑하는 남녀의 성결합에서 온다. 성인남녀가 성결합으로 하나됨의 경이와 신비를 체험하지 못하였다면 그것은 서로가 서로의 자아초월에 실패하였기 때문이다. 사랑의 하나됨은, 오직 서로의 자아가 모두 사라졌을 때에만 가능하다. 잠시도 쉬지 않고 불안이나 걱정, 가식이나 계산, 바람이나 기대, 직업이나 경제력, 집안이나 배경, 조건이나 외모 등의 수많은 외형적 요인에 사로잡혀 있거나 집착하고 있는 것이 자아이다. 그러한 자아를 순간적으로나마 초월한 상태에서만, 남녀는 하나됨의 행복감을 맛볼 수 있는 것이다.

자아의 버림은 자기상실이 아니라 자기확대이다. 내가 한정된 자아의 좁은 경계를 넘어서는 만큼, 나는 무한히 커진다. 자아를 초월하여 사랑하는 사람과 하나가 되면, 나는 둘로 커진 것이다. 가족과 하나가 되면 가족만큼, 사회와 하나가 되면 사회만큼 커진다. 세계와 하나가 되면 세계만큼, 자연과 하나가 되면 자연만큼 커진다. 자아를 초월하여 우주와 하나가 되면, 나는 우주만큼 커지는 것이다.

그러므로 모든 형태의 신비주의에서 공통적으로 발견되는 핵심요소는, 타인과 자연과 신과의 하나됨의 체험이다. 유형무형의 모든 대상에 대한 집착에서 벗어나는 자아소멸을 통하여 고요한 상태에 이르는 것이다. 끊임없이 나누어 구별하고 분리하며, 판단하여 규정하고 한정짓는 경계와 벽이 허물어지는 것이다. 자아가 침묵하는 상태에 이르는 것이다. 그 순간에

저 내면 깊은 곳으로부터 홀연히 떠오르는 신성과 만나게 된다. 그 신성이 '진정한 자기' '참된 나'라는 사실을 깨닫고, 받아들이고, 체현하는 것이다. 그리하여 모든 존재 안에 있는 동시에 모든 존재를 넘어서 있는 신과 결합하여 하나가 되는 경이로운 체험이, 종교철학적인 의미에서 신비주의의 본질이다.

신비주의의 특성

신비체험의 내용은 사람마다 다르다. 신비체험에 대한 해석도 문화·사회·집단·분파마다 다르다. 따라서 신비체험에 대한 일치된 견해가 있을 수 없기 때문에 신비주의는 대단히 다양한 의미로 사용되어 왔다. 그러나 가장 일반적으로 널리 받아들여지고 있는 신비주의의 정의는 심리학자이며 철학자이었던 윌리엄 제임스(William James)의 개념이다. 자기의 개인적인 체험에 근거하여 정의한 제임스의 신비주의는 언표불능성, 순수 이성성, 일시성, 그리고 수동성의 특성을 지닌 초월체험이다.3)

자아의 극히 한정된 세계를 초월하여 신과 하나되고 우주와 하나됨은 직접 체득되는 것이다. 따라서 말로는 도저히 표현할 수도 없고, 설명할 수도 없다. 언어로는 전달할 수 없는 이러한 신비체험의 특성을 '언표불능성'이라고 명명한 것이다. '순수 이성성'은 초월자와의 하나됨의 자명성과 궁극성을 의미한다. 자아의 온갖 구분과 차별, 욕망과 집착, 불안과 염려,

좌절과 분노, 허상과 망상 등이 모두 사라져 버린 만큼, 그 순간에는 고요한 평정상태가 찾아온다. 지극히 편안하고 아늑한 내면의 깊은 평온 상태에서는, 본래적인 우리 자신의 '찬란한 신성' '궁극적 자기성'(ultimate selfhood)의 실체가 직관에 의하여 명료하게 지각된다는 특성이다. 지성이나 이성에 의한 분석이나 추론과 같은 사고작용을 거치지 않고 곧장 알게 되는 것이다. 인식주체와 인식대상 간에 어떤 거리나 분리도 없이 파악되는 것이다. 때문에 어떤 오류나 왜곡도 없이 명석판명하게 드러나는 것이다.

'일시성'은 신인합일의 체험상태는 오래 지속되는 것이 아니라고 판단하여 부여된 특성이지만, 학자들 간에 논란이 되었던 특성이다. 위대한 성자나 선사들은 수개월에 이르는 장기간 동안 순수의식 상태에 머물기도 하고, 반복하여 재몰입하기도 한다. 그리하여 종교철학자 엘리아데는 '리듬성'으로 바꿀 것을 제안하였다. 마지막으로 '수동성'은 자아가 더 이상 작용하지 않는다는 의미로 부여된 특성이다. 자아는 사라지고, 대신 내면의 신성으로부터 나오는 초월자의 능력과 의지에 의하여 우리의 존재와 우리의 삶이 새롭게 변하는 특성이다.

그러나 '일시성'과 마찬가지로 '수동성' 역시 잘못된 명칭으로 보인다. 자아의 입장에서는 '수동성'이 맞을 수도 있겠으나, '참된 나'가 '신성'이라면 '수동성'이 아닌 '주체성의 회복'이 정확한 표현이다. 앞에서 언급한 쿨리와 미드의 사회화 이론에서도 여실히 드러난 것처럼, '나'(me)라는 자아는 주체도 아니고 실체도 아니다. 사회화 과정에서 불균등한 권력관계에 의하여 상처받고 상처주면서 구성된 허상에 지나지 않는다. 자기 자신을 육체와 동일시하는 물질주의 사고방식에 젖어 있는 한 자아의 허구성을 통찰하기는 어려울 것이다. 서구 물질주의 세계관으로부터 자유로울 수 없었던 제임스도 마찬가지였다. 그는 자아의 객체성과 허구성을 간파하지 못하였기 때문에, 우리 내면의 무한자로서의 '참나'(I)에게로 돌아감을 '주체성의 상실'로 잘못 생각하였다. 즉, 신성으로서의 자기성(nature-self)의 되찾음과 주체성의 작용방식을 '수동성'으로 명기하는 오류를 범한 것이다.

신과 하나됨의 신비체험은 어떤 개념이나 추론이나 감각에 의존하지 않고 직접적으로 우주의 궁극적 실재, 진리를 파악하는 방법이다. 세상의 모든 존재 안에 있는 하나님, 하느님, 하늘님과의 일치로부터 나오는 경이로운 현상과 놀라운 변화는 실제로는 신비가 아니라 사실이다. 다만 우리가 에고의 한정된 세계에 갇혀 있어서 모르고 있기 때문에 그것을 신비스럽게 여기는 것일 뿐이다. 그러므로 신비주의는 신비가 아니라 과학이다. 우주의 빛으로서, 존재의 근원으로서 우리 안에 있는 신에게로 돌아가는 "궁극의 과학(the science of ultimates)이고, 순수의식에 속하므로 추론의 여지도 없이 확실하고 자명한 실재의 과학(the science of self-evident Reality)이다."4)

신비주의의 변질화

신비체험 자체에는 자아가 존재하지 않는다. 자아가 어떤 형태로든 남아 있으면 신비체험은 일어나지 않는다. 자아가 완전히 없어져야만 신과의 하나됨을 체험할 수 있다. 그러나 신비체험의 해석은 다르다. 신과의 하나됨의 체험에 대한 해석에서는 자아가 돌아와 중추적인 역할을 하기 때문이다. 해석은 자아에 기초하고 있다. 여러 번 이야기했듯이, 자아는 실체가 아니다. 실체가 아니면서 실체로, 주인이 아니면서 주인으로 행세하는 것이 자아이다. 자아는 실체가 아님을 알고 있기 때문에 실체보다 더 강하고 견고한 형태를 취한다. 자아는 스스로 주체가 아님도 잘 알고 있기 때문에, 주인보다 더 주인답고자 주객전도의 독자행위를 하는 것이다.

신과의 하나됨의 신비체험에서는 자아가 가담할 여지가 전혀 없었다. 설 자리도 없었고, 끼어들 틈도 없었다. 우주적 절대자와의 합일상태 자체는 자아가 없어지는 순간에 직접적으로 체득되는 명증적인 자기경험이기 때문이다. 하지만 신비체험의 해석은 자아에 의해서 행해지는 것이다. 자아는 모든 것을 자기중심으로 생각하고, 판단하며, 자기에게 유리한 방향으로 해석한다. 어떤 면은 강조되고 과장되는 반면, 어떤 면은 간과되고 배제되어 버리는 것이 해석이다. 있는 그대로의 실재를 드러내는 것이 아닌 것이다. 자아가 옹졸하고 완고하고 상처가 많을수록 해석은 더욱 편협해지고 왜곡되어 실상과는 거리가 멀어지게 된다. 조금이라도 유리하다 싶으면 무엇이든지 이용하여 자기를 돋보이게 하고, 드러내고자 하며, 높아지려고 안간힘을 쓰는 것이 자아의 속성이다. 신비체험이라고 예외일 수 없다. 자아의 자기강화에 더할 나위 없이 좋은 수단으로 이용되기 마련이다.

신과 하나됨의 신비체험은 지복과 열락의 체험과 함께 수많은 초감각 현상도 수반한다. 현실보다 더욱 생생한 영상과 소리, 진동과 공중부양, 예지력과 예언력, 투시력과 심안력, 지혜와 치유력 등의 초능력은 육체의 성화과정에서 자연히 생겨나는 현상이다. 그리고 모든 형태의 초능력은 그 자체로서는 유해하지 않을 뿐만 아니라 오히려 많은 사람들을 살리고 성장을 돕는 데에 유용하게 사용될 수 있는 것이다. 문제는 초능력이 자아강화의 수단, 박탈감이나 상실감의 보상기제, 또는 지배력의 장악도구로 이용되는 것이다. 초능력을 과시하려는 유혹으로부터 벗어나지 못한 상태에서 우리의 자아가 행하는 해석은 결국 자기자신을 신격화하여 새로운 지배체제를 구축하고, 자신의 체험방법과 경험만을 절대화하여 교조화하는 선악의 이분법적인 의미체계를 구성하는 것이다.

신비체험 이전의 입문과정과 신비체험 이후의 해석과정에서는 자아의 영향으로부터 누구도 자유롭지 못하다. 그러므로 자아의 작용에 대한 자기관찰과 자기성찰은 신비체험의 추구자에게 필수적이다. 자아강화의 욕구에 넘어가면 자신의 몸과 마음을 망치는 데 그치지 않고 인간정신과 영성까지 황폐하게 만든다. 그리고 결국에는 공동체의 붕괴와 세계의 파괴로까지 나가게 된다. 그 증거는 수없이 많다.

첫째, 사이비 종교들이다. 대부분의 사람들은 존재의 가치와 삶의 의미를 밖에서 찾는다. 즉 외부의 대상에 집착하여 끌려가는 것이다. 현재 자본주의 사회에서 가장 강력한 대상은 돈이다. 인간은 돈과 불가분의 관계에 있는 권력에게도 한없이 끌려가고, 명예와 명성을 쫓기도 한다. 미모의 이성에 대한 집착도 대단하다. 물질이나 권력, 지위나 명성, 사랑하는 사람과 같은 대상에 대한 집착은 대단히 크고 집요하다. 그러나 그것을 능가하는 대상이 있으니, 우리 내면의 신성을 투사할 대상에 대한 집착, 초월성을 지녔다고 여기는 존재에 대한 집착이 그것이다. 인간은 본래적인 자기, 내면의 신성으로 돌아가려하지 않는다. 반대로 신을 찾았다거나, 신과 만났다거나, 신과 하나가 되었다거나, 스스로 신이라고 자처하는 사람에게 끌려가는 사람들은 그들에게 기대어 행복을 얻고자 한다. 이와 같은 인간의 심리나 초능력을 자아강화의 수단으로 이용하는 이들은 추종자를 거느리고, 교단을 형성하여 세력을 확대시켜 나가는, 이른바 교주가 되기 십상이다. 사이비 종교의 교주들은 하나 같이 추종자의 신성을 부정하는 방식으로 자신의 신성을 부각시킨다. 인간정신을 불모화, 노예화하는 것이다. 그리하여 그들은 가정을 파멸시키고 사회를 파괴한다.

둘째, 기존의 제도화된 세계종교들이다. 세계종교의 원조로 알려진 사람들은, 모두 위대한 신인합일의 체험가들이었지 종교의 창시자는 아니었다. 종교지도자나 성직자는 더더욱 아니었다. 그들은 '인간은 누구나 신'이라는 진리를 각성한 사람들이자, 신과 하나되는 길을 몸소 보여주었던 성자(聖者)들이었다. 마음을 열고 다가오는 사람들 하나하나에게 가장 적합한 방식으로 모두가 스스로 신과 하나되고 이웃과 하나될 수 있도록 섬김과 사랑으로 돕는 데에 그칠 수 있었던 인류의 위대한 스승이 바로 그들이었다. 그들은 교파나 종파의 설립에는 어떤 관심도 없어서 교회나 사원을 세우지도 않았고, 교리체계를 만들지도 않았다. 그러한 것들은 신인합일의 체험이 불완전하였거나, 아예 체험하지 못하였던 제자들, 또는 체험은 하였으나 자아의 작용에 대한 성찰이 불충분하였거나, 아예 자아의 욕망에 충실하였던 제자들이 스승들의 사후에 만들어 제도화한 것이다.

제자들은 스승의 간곡한 부탁이나 경고에도 불구하고, 스승을 구원자나 구세주로 신격화하였다. 스승의 가르침 중에서 일부만을 선택적으로 발췌하거나 왜곡하여 교조화하였고, 여러 수행법의 하나에 불과하였던 것을 유일한 것으로 절대화하였다. 그 결과로 제도화된 세계종교는, 선악의 이분법적이고 배타적이며 독선적인 해석체계를 확립하였다. 모든 제도종교가 다 그런 것은 아니지만, 대개의 종교들은 죄의식과 두려움을 심어주는 방식으로 무조건적인 믿음과 복종을 요구한다. 신도들 개인으로 하여금 스스로 신이 되도록 돕는 것은 고사하고, 신과의 올바른 관계조차 갖지 못하도록 방해하고 있는 것이다. 이러한 제도종교의 폐해는 개인의 차원에 그치지 않고, 타종교를 배척하고 적대시하여 사회의 분열과 분쟁을 야기한다. 게다가 사회의 유력자, 가진 자, 그리고 정치권력과 긴밀하게 결탁되어 있기 때문에 신의 이름으로 사회불평등을 정당화하고 사회모순을 은폐하는 역할을 하게 된다. 억압구조의 온존과 강화에 기여하는 역할은 하나의 국가사회 내에 한정되지 않고 세계적 차원에서 국가들 간의 권력관계에서도 작용하여, 신의 이름으로 타국을 악으로 규정하여 전쟁을 일으킨다. '신의 뜻'이라는 명분을 내세워 자국민을 죽임과 죽음의 전쟁터로 몰아넣고, 타국민을 정복하고 식민화하는 것이다.

셋째, 상업주의이다. 1970년대 초반 컴퓨터회로의 집적화로 본격화된 정보혁명으로 인간의 고유영역으로 여겼던 정신노동까지 마이크로프로세서가 내장된 컴퓨터가 대신하게 되었다. 마르크스가 꿈꾸었던 필요와 수단으로서의 노동을 종식시키고, 만인이 자기실현으로서의 자유노동에 몰입할 수 있는 여건조성과 기반조성의 잠재력을 갖춘 셈이다. 그러나 실제의 정보기술은 그 반대로, 미국 중심의 자본주의 지배구조를 강화하는 데에 이용되고 있다. 최첨단 컴퓨터과학, 통신기술, 경영혁신은 인간을 필요노동의 고역으로부터 해방시켜, 자기계발에 몰두하기에 충분한 자유시간과 쾌적한 환경을 보장해주는 것이 아니다. 오히려 대량해고와 비정규직화로 대다수 세계민을 점점 가난하게 만들고 있다. 그뿐만이 아니다. 미국의 생활방식과 표현양식으로의 동질화가 전 지구적 차원에서 진행되는 문화의 세계화로, 자율성이나 자기실현과 같은 도덕적 가치마저도 상품화하고 있다.

제조상품의 공급과잉 상태로부터 벗어나고자 문화의 상품화 단계를 넘어서 체험의 상품화 전략을 취하고 있는 자본에게 신비주의는 엄청난 상품가치를 지니고 있는 보고이다. 자연치유력과 면역력의 활성화, 성인병의 예방과 치료, 자율신경의 조절기능과 간 기능 강화, 집중력의 증진, 추진력과 능률의 증대, 안정감과 자신감의 회복, 잠재력과 창조력의 발휘 등에 탁월한 효과가 있기 때문이다. 신비주의를 개인들의 경쟁력 강화상품으로 개발하는 상업주의는, 존재의 근원인 우리의 영성까지도 교환가치로 수단화할 조짐을 보이고 있는 것이다.

자신의 존재를 부각시키고자 또는 원하는 것을 쟁취하고자 모든 것을 도구화하고 사물화하는 것이 우리 인간의 자아이다. 자아의 자기중심적이고 이기적인 이용으로 인한 왜곡과 변질은 신비주의라도 피할 수 없는 것이다. 그렇다 하더라도, 자아나 에고의 허구성을 간파하는 자기각성을 통하여 내면의 순수의식으로 돌아가 신과 우주와 하나되는 신비주의 본질의 실현 가능성은 누구에게나 열려 있다. 성인과 범부가 따로 있는 것도 아니다. 성자로 추앙받는 사람이라도 매 순간 깨어있을 수는 없어서 자기도 모르는 사이에 자아의 유혹에 빠지게 되는가 하면, 자아의 욕망에 지배되고 있는 일반인에게도 때때로 몰아나 망아의 순수하고 지고한 순간은 찾아오기 때문이다.

신비주의의 기원과 역사

인도의 요가

신비주의의 핵심은 신과의 하나됨이다. 이 경이로운 체험의 가장 오래된 형태는 인도의 요가로 알려져 있다. 기원전 4000년에서 3000년경[5] 고도로 발달된 문명을 구가하였던 인도의 하랍파와 모헨조다로 지역에서 발굴된 벽화나 조각과 같은 유물에는 좌선하는 모습의 요가 자세를 취한 상들이 나타난다. 이는 신인합일의 요가수행이 그 당시 크게 성행하였다는 증좌(證左)인 셈이다. 요가에 대한 최초의 문헌기록은, 인도의 경전으로 집대성된 4개의 베다 중에서 가장 오래된 리그베다에서 발견된다.[6] 베다경전의 기원설로는 두 가지가 존재한다.

하나는 유목민으로 생활하다가 인도로 침입해 들어온 유럽의 아리안 족들이7) 기원전 1500년에서 1000년 사이에 인도유럽어의 하나인 산스크리트어로 기록했다는 학설이다. 다른 하나는 아리아인들의 침입 이전인 기원전 4000년에서 3000년에 이르는 시기에 무명의 인도 예언자들과 요가수행자들에 의하여 시와 산문의 형식으로 편찬되었다는 설이다. 인도의 가장 오래된 경전 『리그베다』에서는 '결합한다' '단련한다'는 의미로 요가를 언급하고 있지만, 요가의 체계적인 수행방법이나 실천행들은 구체적으로 명시하지 않고 있다.

　　신과의 합일체험으로서 요가의 원리와 실행법을 제시하고 있는 문헌은 『우파니샤드』로, 이는 브라만계급의 사제들이 주관하는 종교의식과 관련된 규범과 규칙들의 기록으로 이루어진 브라흐마나 경전의 결말서에 해당한다. '베다의 결론' '베다의 끝'이라는 뜻으로 베단타라고도 한다. 『우파니샤드』는 브라만교의 형식주의와 제례주의를 비판하고 힌두사상의 정수를 명료하게 밝힌 인도의 철학서이다. 기원전 800년에서 600년에 이르는 시기를 전후하여 완성된 『우파니샤드』의 위대함은, 모든 존재 안에 있는 신성인 우주의 전일자 브라만(brahman, 梵)과 개개인의 신성인 진아 아트만(atman, 我)은 하나라는 범아일여(梵我一如) 사상의 발견에 있다. 『우파니샤드』에서는 '명상을 통하여 몸과 마음을 고통스럽고 번거롭게 만드는 감각작용과 사고작용에서 벗어나 깨달음에 이르는 수행법, 진정한 자기를 획득하는 방법'으로 요가를 정의하고 있다.

'가까이 앉는다'라는 『우파니샤드』의 원뜻이 요가의 교육방법
은 어떠해야 하는지를 극명하게 알려주고 있다. 스승과의 친
밀한 관계에 의해서만 신비주의의 진리는 전수되고 가르쳐질
수 있다는 것이다. 우리의 '참나'가 신성임을 체득하고, 나의
아트만이 다른 사람의 아트만과 하나되고, 나아가 우주의 근
원 브라만과 하나되는 신비체험에 이르기 위해서는, 서로가
전적으로 믿고 신뢰하는 스승과 제자의 인격적이고도 친근한
관계가 요구된다는 것이다.

자아의 미망에서 깨어나 모든 존재의 내면 깊은 곳에 숨겨
져 있는 아트만과 함께 궁극자 브라만과의 동체에 이르는 것
을 가능케 하는, 좀더 체계적이고 구체적인 실천원리와 방법
을 제공해주고 있는 문헌은 기원전 500년에서 300년경에 쓰
인 '바가바드기타'이다.[8] 『우파니샤드』가 난해한 주지주의 철
학서인 것과는 대조적으로, '바가바드기타'는 재미있는 이야
기체의 서사시이다. 100년 이상의 긴 세월에 걸쳐 수많은 저
자들이 집필한 시편들인 '바가바드기타'는 무수히 많고 다양
한 민간설화와 신화로 구성된 인도의 대서사시 '마하바라타'
에 포함되어 있다. 많은 인도인들이 가장 즐겨 읽고 애송하는
'바가바드기타'는, 신인합일의 신비체험에 이르는 방법으로서
의 요가를 3종류로 나누어 체계화한 것으로 유명하다.

첫째는 지혜의 요가이다. 자아는 실체가 아니다. 지배와 억
압의 주객분리과정에서 조건화된 가상의 존재임을 통찰하는
것이다. 그리고 진정한 자기의 신성 아트만으로 돌아가 모든

현상 배후에 존재하는 비인격적인 절대자 브라만과 일체를 이루는 수행법이다. 둘째는 경건의 요가이다. 브라만의 속성을 구현한 인격신을 전심으로 경배하는 헌신의 길을 통하여, 자기 내면의 비인격신 아트만과 만나고 브라만과 하나가 되어가는 수행법이다. 마지막 종류는 행위의 요가로, 무아의 상태에서 아무런 집착도 없이 행하는 사랑의 구체적인 실천활동이다. 자기중심적인 이기성, 소유욕, 지배욕을 근본적으로 초월한 순수한 사랑의 행위이다. 따라서 조건이나 차별이 없고, 제한이나 변함이 없다. 지혜의 요가나 경건의 요가는 모두 행위의 요가로 귀결되어야 함을 '바가바드기타'는 강조한다. 우리의 진정한 주체성으로서 신의 행동방식을 드러내어 밝혀주고 있는 '바가바드기타'는 힌두 신비주의 전통의 꽃이라고 하겠다.

『우파니샤드』나 '바가바드기타'가 전해주고 있는 신인합일의 신비주의 지혜는 명증성과 자명성과 보편성을 지닌 절대적인 진리이다. 그러나 진아, 이웃, 자연, 그리고 신으로부터 분리된 채로 이기적이고 편협한 자아에 속박되어 살고 있는 대다수의 사람들에게 『우파니샤드』와 '바가바드기타'가 말하는 진리는 너무나 추상적이고 어렵다. 따라서 일반인들에게는 보다 쉽게 접근할 수 있으면서도 구체적으로 도움을 받을 수 있는 형태의 요가가 필요하였는데, 파탄잘리가 서력 200년에서 800년으로 추정되는 시기에 완성한 『요가경 *Yoga Sutra*』이 바로 그것이다. 『요가경』은 고대로부터 당시까지 전승되어 왔던 요가에 관한 모든 지식과 원리, 기법과 실천을 8단계로 나누

어 총정리한 것이다. '라자요가'(Raja Yoga)로도 통칭되고 있는
『요가경』은 근대요가나 현대요가의 모든 유파가 활용하고 있
는 권위 있는 텍스트로 여겨진다. 『요가경』의 특징은, 물질과
정신은 서로 분리되어 있는 것으로 간주하는 것이다. 이는 기
원전 500년 이전 시기에 성립된 자연철학으로 여겨지는 상키
야(Samkhya)9)에 기초하고 있기 때문이다.

　『요가경』은 상키야 철학처럼 신의 존재를 완전히 부정하지
는 않았지만, 그다지 중요하게 여기지도 않았다. 『요가경』이
중시했던 것은 우리의 삶에서 고통의 원천으로 작용하고 있는
자아의식의 소멸이었다. 따라서 요가경의 핵심내용을 구성하
고 있는 것은 첫째로는 물질로 이루어진 신체적, 생리적, 심리
적 특성에 대한 과학적이고 합리적인 분석과 이해이다. 둘째
로는 신체와 감각기관의 통제와 조절, 감정과 의식의 조정과
집중이다. 셋째로는 자아의 모든 의식으로부터 해방된 완전한
자유, 해탈의 체험이다.10)

　파탄잘리의 요가경이 인도의 대표적인 요가와 깨달음의 수
행법으로 자리를 잡아가던 시기와 거의 비슷한 무렵에 탄트리
즘(Tantrism)11)도 등장하였다. 서력 300년경에 출현한 탄트리
즘은 500년 이후에는 일종의 철학운동, 문화운동, 종교운동으
로까지 발전되어 인도 전역은 물론이고 인접지역까지 휩쓸 정
도로 유행하였다. 인간의 육체적 욕망을 억압하는 금욕과 부
정의 방법을 취하고 있는 요가경과는 반대로, 탄트리즘은 인
정하고 실현하는 긍정의 방법을 취하고 있다. 탄트리즘에서

육체와 성욕망은 더 이상 더럽고 추한 것이 아닌 생명의 근원이자 원천, 우주창조의 신성한 에너지이자 깨달음에 이르는 지름길이다. 우리의 육체적 욕망과 자아는 부정하고 억눌러서 사라지는 존재가 아니다. 오히려 강해질 뿐이다. 긍정과 충족에 의해서만 인간의 물질적, 육체적 욕망은 약화될 수 있음을 탄트리즘은 통찰하고 있었던 것이다. 또한 자아의 초월, 신과의 하나됨, 그리고 신의 사랑은, 몰아의 상태에서만 가능한 남녀의 완전한 하나됨의 성결합과 사랑에 의해서만 체득될 수 있음도 간파하고 있었던 것이다.

13세기에서 17세기경 무렵에 이르러 탄트리즘의 요가수행법은, 육체를 중시하고 예찬하는 하타요가(Hatha Yoga)로 발전하게 된다. 하타요가는 '몸을 통하지 않고는 신성의 실현이 불가능하다'고 여기는 유파이다. 인간의 육체는 곧 신의 몸인 것이다. 이제 육체는 고통의 근원도 아니고 죽음의 근원도 아니다. 반대로 즐거움과 영원성을 획득할 수 있는 원천이다. 정화되어 건강하고 완전한 육체만이, 신성의 순수의식을 구현할 수 있기 때문이다. 하타요가에서 육체는 신성의 근원이다. 신과 하나되는 데에 없어서는 안 되는 수단인 것이다. 따라서 하타요가는 인체의 모든 부분과 부위, 기관과 조직, 혈맥과 경락 등에 관한 지식에 통달할 것, 육체를 정화하여 강건하고 완전하게 만드는 기법에 능통할 것을 요구한다. 그리하여 육체의 단련과 섭생에 전력하기를 바라는 것이다. 자신의 정화된 육체로부터 직접 느끼고 경험하는 신성과 불멸성, 완벽성과 무한성보다 더 확실한 초월체험은 아마도 없을 것이다.

현재 우리 사회에 널리 확산되고 있는 요가들은 거의 대부분 하타요가에 속한다. 18세기 후반과 19세기 전반에 구미사회로 전파되어 발전한 하타요가가 한국사회를 석권하고 있는 것이다. 1947년에 할리우드에까지 진출하여 대중적 인기를 모으고 있는 서구형 요가에서는 신인합일의 본래 목적이 다소 퇴색하고, 건강의 증진 및 자신감의 회복을 위한 신체운동의 하나로 변질되어, 몸 관리나 건강 증진을 위한 체조와 율동, 호흡이나 감정의 조절, 자신감 회복이나 잠재력 개발의 심리요법 등으로 알려져 활용되고 있다.

불교의 신비주의

기원전 5세기경 인도 태생의 석가에 의해 시작된 불교 신비주의도 『우파니샤드』의 전통에 뿌리를 두고 있다. 따라서 소승불교와 대승불교 모두 에고의 편벽성과 속박성에서 탈피하여 무한자와의 하나됨으로 나가는 길을 보여준다 할 수 있다.

불교 신비주의의 근본진리는 사성제와 팔정도이다. 본래 인간은 내면 깊은 곳에 청정심, 진여심(眞如心)을 내장하고 있는 부처이나, 우리는 마음을 혼탁하게 만드는 욕심과 집착 때문에 우리 자신이 부처인 줄을 모르고 살고 있다. 잔잔한 호수에 풍랑을 일으키는 바람이나 맑은 거울을 더럽히는 먼지와도 같이, 욕심과 집착은 온갖 번뇌망상과 고통에 휘둘리는 미망의

늪으로 몰아넣는다.

　삶은 고통의 연속이다. 인간의 삶을 생로병사의 고통의 굴레로 만드는 것은 우리의 끝없는 욕망과 집착이다. 따라서 욕심을 끊어 버리면 고통도 사라진다. 자기의 에고를 포함한 수많은 대상의 외양에 사로잡혀 그것을 실체로 혹은 영원한 것으로 여겨 집착하고, 자기중심의 잣대로 나누어 구분하고 판단한다. 고집하여 미워하고 싫어하고, 차별하여 무시하고 배제한다. 강제로 빼앗고 억압하여 괴로움과 아픔만을 가중시킨다. 이렇게 고통에 고통만을 낳는 에고의 온갖 분별심과 욕심으로부터 벗어나 해탈에 이르는 길은 누구에게나 열려 있다는 진리가 고집멸도(苦集滅道)이다. 상실하였거나 잠자고 있었던 본래의 청정성, 부처성의 회복과 활성화로 고통에서 벗어나는 실천방법은 바로 팔정도이다. 즉 바르게 보고[正見], 바르게 생각하여 이치를 궁구하고[正思惟], 바르게 말하고[正語], 바르게 행동하고[正業], 바르게 일해서 벌고[正命], 바르게 노력하고[正精進], 마음을 바르게 쓰고[正念], 마음을 바르게 집중하는[正定] 것이다.

　요가사상에서와 마찬가지로 불교의 신비주의에서도 궁극적 절대자는 저 하늘 어딘가에 존재하면서 우리의 삶을 좌지우지하는 인격신이 아니라, 모든 존재의 내면에 깃들어 있는 빛과 같은 비인격적인 존재이고, 모든 생명과 존재의 근원이다. 그로부터 만물이 생성되어 나와 변화하였다가는 다시 사라지는 생멸의 원천이기도 하다. 눈에 보이지는 않지만 완전하고 영원하며, 헤아릴 수 없이 무량하고 무한하여 공(空) 또는 무(無)라 부르는 존재의 근원이다. 우리 안에 있는 궁극적 절대자에 도달하기 위하여 불교의 신비주의가 선호하는 방법은 부정주의와 금욕주의이다. 즉, 에고의 존재를 부정하고 육체의 욕망을 제어하는 것이다.

에고의 세계는 허상의 세계이기 때문에 부정된다. 에고는 사이버 세계에서의 가상현실과 유사하다. 모니터나 스크린 속에서의 가상현실은 실제보다 더 현실적으로 느껴지지만 분명히 실재가 아니다. 마찬가지로 육체와 동일시되는 우리의 현존재적 자아, 에고도 실재가 아니다. 12가지의 인연[12]에 따라 변하는 마음의 작용으로 나타났다가는 사라지고, 사라졌다가도 다시 나타나며 생멸을 거듭하는 환영에 지나지 않는다. 이러한 에고의 허구성을 깨닫게 되면 집착하지 않게 되어 고통으로부터 벗어나게 되고, 희로애락의 소용돌이에 더 이상 휘둘리지 않게 된다.

인간세상은 권력관계로부터 자유로운 순간이 거의 없다. 수많은 형태의 불균등한 권력관계가 복합적으로, 중첩적으로 작용하고 있다. 그 속에서 에고의 허상성에 대해 아는 것만으로는 우리 내면의 신성과의 만남이나 타자의 신성과의 하나됨에 이르는 데에 크게 도움이 되지 않는다. 조금이라도 상처받거나 억압당한다 싶으면, 에고는 순간의 지체도 없이 되돌아와 분노와 울분을 터뜨린다. 위협당한다 싶으면 거의 자동적으로 두려움에 떨거나 적개심에 휩싸이고, 거부당하거나 무시당한다 싶으면 폭력적인 방식으로 자기주장을 한다. 그리고 인정과 칭찬을 받는가 싶으면 하늘 높은 줄 모르고 오만해지는 것이 우리의 자아이고 에고이다. 이렇듯 우리의 자아가 얼마나 집요하고 끈질긴가를 깊이 통찰하였기 때문에 불교의 신비주의는 금욕주의의 노선을 취하고 있다. 육체의 갈망과 감정은 물론이고 육체 자체를 부정하고 억누르며, 억제하고 절제하는 금욕주의의 고되고 혹독한 수련을 통해 내면의 궁극적 절대자 불성과의 합일체에 이르는, 무념무상의 적멸상태로 들어가고자 정진에 정진을 거듭하는 것이다.

영지주의

우파니샤드의 요가사상으로부터 발전되어 나온 소승불교와 대승불교를 힌두 신비주의의 동양적 변형태라고 한다면, 서양적 변형태는 영지주의(Gnosticism)이다. 힌두사상이나 불교사상과 마찬가지로 영지주의도 외재적인 절대자로서 질투하고 시기하며, 격노하고 복수하며, 처벌하고 응징하며, 대적하고 파멸시키는 인격신의 존재를 인정하지 않는다. 영지주의자에게 진정한 신은 자기의 의지대로 세상을 좌지우지하는 지배자가 아닌, 모든 존재의 근원로서의 순수의식이자 시간과 공간을 넘어선 존재의 원천이다. 모든 생명체 하나하나의 내면 깊은 곳에 있는 빛, 일자(一者), 신성인 것이다.[13]

따라서 신에 대하여 안다는 것은 특정의 시대와 장소에 한

정된 사회와 세계에 갇혀서 살아갈 수밖에 없는 인간으로서 우리들 각자가 참으로 어떤 존재이며, 어디에서 왔고, 어디로 가고 있으며, 진정으로 돌아가야 할 곳은 어디이고, 지금 무엇을 하고 있으며, 참으로 해야만 하는 일은 무엇인가를 아는 것이다.[14] 다시 말하면, 내면 속으로 침잠해 들어가 자기의 본질로서 존재하는 하느님을 체험으로 아는 것이다. 우주처럼 광대하고 심연처럼 깊어서 도저히 헤아릴 수도 없고 나눌 수도 없는 무한자이고 완전자인 신의 존재는, 이성과 언어의 논리력이나 분석력에 의해서는 결코 파악될 수 없다. 내면의 깊은 곳으로 들어가 신과 하나되는 신비체험, 내면의 신성으로부터 저절로 나오는 통찰에 의해서만 체득될 수 있다. 그래서 '영지'(靈知)라고 하는 것이다.

　'영지'로 번역된 그리스어 그노시스(Gnosis)는 지식을 의미한다. 그런데 단순한 지식이 아니라 '아는 것', 그것도 직관과 영감에 의한 직접적이고도 개별적인 신비체험에 의해서 아는 것을 뜻한다. 그러므로 그노시스의 정확한 의미는 우리의 "영혼 안에서 그리고 삼라만상 안에서 현존하는 하느님을 체험으로 아는 것이다."[15] 이러한 그노시스의 의미와 가장 잘 부합하는 우리말은 아마도 에고의 허구성과 '참나'의 부처성을 깨닫는, 즉 무아(無我)에의 지혜를 뜻하는 불교의 개념인 '반야'(般若)일 것이다.

　제임스의 신비주의 개념에서와 같이 내 안에 있는 신의 현존체험은 이성으로는 이해할 수 없으며, 논리로 설명할 수도 없고, 말로는 도저히 표현할 수 없는 차원의 앎이다. 또한 집요하게 신성의 빛을 가리고 가두려는 에고의 어두운 장막을 스스로 정직하게 대면하고 거두어내야 하는, 힘들고도 외로운 자기탐험의 과정이다. 따라서 자기의 신성체험, 순수의식을 추구하는 영지주의는 내면에 거하는 신 이외의 어떠한 외부의 권위나 지도자, 이론이나 도그마에도 의존하지 않는다.

영지주의의 궁극적 목적은, 사람들 하나하나가 모두 자신의 본질인 순수의식으로 돌아가 신과 하나되는 자기각성과 자기실현이다. 자기각성과 자기실현은 누가 대신해줄 수 없는, 각자 단독으로 성취해야 하는 일이다. 게다가 개개인의 기질과 경험은 아주 고유하고 상이하다. 서로가 무한히 다른 만큼, 신성체험에서도 무수한 독특성과 다양성이 존재한다. 개별자의 단독성과 차이성을 중시하는 개인주의 때문에, 영지주의자들은 어떤 형태의 차별제도나 위계조직도 용납하지 않았다. 엄격하게 준수하였던 만인평등주의와 만인사제주의는, 로마 지배계급의 제도종교로 변질되고 있던 당시의 기독교에게 커다란 위협으로 작용하였다. 그래서 2세기에 혹독한 박해를 당하였던 기독교가 4세기에는 박해자로 뒤바뀌어 영지주의자를 이단으로 몰아 잔혹하게 탄압하였던 것이다.

영지주의는 기원전 1세기에서 서기 2세기에 이르는 시기에 유럽의 전역을 풍미하였던 철학운동·종교운동으로 알려져 있으나, 그 정확한 기원과 역사는 아직도 밝혀내지 못하고 있는 실정이다. 그 이유는 여러 가지인데, 그중의 하나는 영지주의의 사상체계가 대단히 복잡하다는 것이다. 앞에서 영지주의를 인도 요가사상의 변형태라고 언급했는데, 힌두나 불교사상만이 이에 해당하는 것은 아니다. 알렉산더 대왕의 정복(기원전 334~323)으로 동서양의 문화교류가 활발하게 일어나던 시기에 노자의 도가사상, 페르시아의 배화교, 이집트와 메소포타미아의 종교사상, 그리스의 플라톤철학, 유대 신비주의, 이슬람의 종교이념, 스토아학파의 범신론, 초기 그리스도사상 등의 여러 전통에 공통으로 들어있는 우주와 세계, 인간과 신의 존재에 대한 깊은 통찰과 탁월한 지혜가 융화되어 형성된 제설혼합주의의 성격을 지니고 있기 때문이다.

또 다른 이유는 서구 정통파 교회조직의 교부들에 의하여 영지주의 사상이 이단으로 철저하게 왜곡되어 왔다는 것이다. 1945년 남부 이집트의 나그 함마디(Nag Hammadi) 지역에서 4세기경에 만들어진 영지주의 고문서가 발견되어 1980년에 영인본으로 완간되기 전까지는 영지주의의 진면목이 세상에 거의 알려지지 않았기 때문이다. 영지주의에 관한 문헌은 고작해야 정통파 교부들이, 자신들의 교리를 정당화하기 위한 반대급부로서 이단으로 규정하고 비난한 글들이 전부이기 때문이다. 대부분의 영지주의 문서와 문헌은, 탄압받는 과정에서 불태워지거나 분실되었다. 극히 일부만이 은닉되어 비밀리에 전승되거나 사장되어 왔기 때문이다.

영지주의는 기원전 1세기경에 이미 일반인에게 널리 수용되었던 지배적인 이념체계로서의 자리를 굳히고 있었다. 만법

귀일(萬法歸一)이라고 하듯이, 모든 종족, 모든 사회, 모든 종교가 하나로 통하고 있음을 영지주의는 입증하고 있다. 그야말로 놀라운 인간정신의 보편성이다. 성서라고 예외이겠는가? 성서의 여기저기에 녹아들어 있는 영지주의 통찰과 지혜를 발견하고 확인하는 것은 그리 어려운 일이 아니다. 원시기독교의 형성시기에 영지주의는 그리스도사상의 핵심을 이루고 있었다. 그러나 동시에 일부 교단의 지도자들에게는 영지주의가 자신들의 종교활동과 직접적인 마찰과 충돌을 일으키는 신앙으로 비쳐져 비판의 표적이 되기도 하였다.

기독교가 로마의 국교로 공인받는 4세기에 이르면 상황은 더욱 악화되어, 영지주의는 정통파 교부들에 의하여 논박당하고 거세당하게 된다. 그 당시까지만 하여도 그리스도교의 지배적인 믿음이었던 윤회사상마저 이단으로 금지하게 되었다. 325년 니케아 공의회의 결정으로 성서의 내용 중 '전생' '환생'과 같이 윤회의 의미를 내포하거나 암시하는 구문·용어는 모두 삭제하는 작업이 단행되었고, 영지주의자에 대한 대대적인 탄압도 자행되었다. 553년 콘스탄티노플 공의회 이후에는 단순한 윤회설의 지지자들마저도 이교도로 낙인찍어 박해하였다.

그러나 무자비한 탄압과 학살에도 불구하고 영지주의는 결코 사라지지 않았고, 오히려 자생적으로 재형성되어 퍼져나갔다.[16] 영지주의 사상의 중심지는 11세기의 이탈리아와 남부 프랑스였는데, 로마교회 정통파를 훨씬 능가할 정도로 강력해지자, 1209년 교황 이노센트 3세는 십자군을 파병하여 무차별 적으로 살육하였다.[17] 당시 유럽 전체에서 인구가 가장 많은 지역이자 정치·경제, 사회·문화, 문명과 기술에서도 가장 선진지역이었던 남프랑스 알비(the Albigens)의 주민들도 모두 이노센트 3세에 의해 대량학살되었다. 높은 문자해득률을 기록했던 알비의 지역민은 바티칸의 금지령을 어기고 성서를 애독한 것으로 알려져 있다. 알비 주민들의 학살로도 영지주의가 근절되지 않자, 교황은 차후 500년에 걸쳐 수백만 명의 무고한 사람을 잔인하게 고문하고 화형에 처한 종교재판을 신설하였다. 그리하여 전 유럽을 상대로 내부의 적인 이교도와의 십자군 전쟁을 시작하였던 것이다.

그렇다면 영지주의를 그리도 가혹하고 잔악하게 탄압하지 않으면 안 되었던 이유는 무엇이었을까? 또 죽음을 불사하면서도 영지주의 신념을 고수한 이유는 무엇이었을까?

첫 번째 이유는 개인 존중주의이다. 깨달음과 신인합일은 어디까지나 개개인의 자기각성에 의해서만 성취될 수 있으므로, 교회나 교리와 같은 외부의 권위를 인정하지 않은 것이다. 심지어 권위주의 종교조직에 의하여 절대화되고 우상화되어 버린 신은, 더 이상 인간을 해방하는 진정한 신이 아니라 인간을 지배하고 속박하는 또 다른 권력자에 불과한 것으로 여겨졌다. 두 번째 이유는 만인사제주의이다. 모든 사람은 자신의 진화(眞化), 성화(聖化)의 정도에 따라 누구나 조력자로서의 사제의 역할을 수행할 수 있기 때문에, 별도의 직업적인 성직자를 필요로 하지 않은 것이다. 셋째는 만인평등주의로, 이는 신분과 지위상에서의 계급차별주의만이 아니라 가부장제의 성차별주의도 넘어서는 급진적인 평등주의이다. 대부분의 영지주의 운동이나 집단들은 여성에게도 남성과 동등한 권리와 지위를 부여하여, 신의 이미지를 남성으로 표상한 정통파 로마교회와는 달리 여성성의 여러 요소를 지니고 있는 다양한 모습으로 신을 묘사하였다. 마지막으로 네 번째 이유는 현재주의, 즉 부활이나 신의 왕국의 도래를 현세에서의 희생이나 믿음에 대한 보상으로 미래에 주어질 실제사건으로 간주하지 않은 점이다. 다시 말해 내적인 자기변혁, 자기변형으로 지금 여기(now and here)에서 성취하고 발견하도록 했던 것이었다. 인간이 고통 속에서 사는 것은 죄 때문이 아닌, '참나'에 대한 무지 때문이라는 것이 영지주의의 핵심사상이다. 따라서 무지로부터 벗어나면 지금 여기에서 당장 천국을 체험할 수 있다는 것이다. 다섯째 이유는, 인류의 구원자로 이 세상에 왔다는 예수에 대한 기독교의 구원신앙을 부정한 것이다. 영지주의자에게 예수는 신과 하나됨의 길로 안내하는 수많은 빛의 스승들 중의 한 사람이었을 뿐이었다.

나그 함마디 문서 52편이 세상에 공개됨에 따라, 그리고 이미 발견되어 알려졌거나 중복된 9편을 제외한 43편의 문헌자료에 대한 연구가 진척됨에 따라 영지주의는 결코 이단이 아니라는 사실이 드러나고 있다. 우주창조론, 형이상학, 존재론, 자연철학, 진화설, 인식론, 심리철학, 사회철학, 종교철학 등등을 포괄하는 방대하고도 심오한 사상체계가 영지주의였던 것이다. 지구상의 인류가 각기 살았던 시대와 사회가 다르고, 사용하였던 언어와 문화가 다르고, 믿었던 종교와 신념이 극히 상이하고 다양하였음에도 불구하고, 모두가 똑같이 동일한 영지주의 지혜와 통찰에 도달한 것을 어떻게 설명할 수 있을까? 신인합일의 신비상태 속에서는 존재의 궁극적 진리가 누구에게나 직접적으로 드러나는 것이 아니었을까?

기독교 신비주의

태동기의 기독교는 사회로부터 버림받은 소외계층의 종교였다. 무시당하고 억압당한 약자의 종교로서 원시기독교는 분명히 평등주의, 공동체주의, 인본주의 성격을 지니고 있었다. 그러나 로마 통치권력의 국교로 제도화, 조직화되는 과정에서 권위주의 종교로 변질되어 갔다. 그 결과는 신과의 하나됨을 추구하는 신비주의의 배제로 나타나, 그것을 이단으로 규정하고 배척하였다. 종교지도자나 교리체계의 권위보다는 내면의 신성체험을 중시하는 신비주의가 지배세력에게는 기득권을 위태롭게 만드는 위험한 사상이었기 때문이었다. 그래서 신비주의는 제도권 밖의 비공식세계에서 주로 성장하며 그 명맥을 이어갔다. 하지만 영성의 고갈시기에나 위기 시에는 전면에 나타나 그리스도정신을 쇄신시키는 역할을 수행하여 왔다.

해방과 변혁의 담지자로서 기독교 신비주의는, '인간은 신과 동일하다'는 신인동일설(神人同一說)에 기반하고 있다. 하느님의 형상으로 빚어진 인간은 하느님과 같다는 사상이다. 인간이 하느님의 모상이라는 의미는, 인간의 외모가 신과 닮았다는 뜻이 아니라 내면의 신성이 동일하다는 의미이다. 또한 하느님 없이는 인간도 존재할 수 없는 것과 마찬가지로, 인간 없이는 하느님도 아무런 일을 할 수 없다는 의미 역시 내포되어 있다. 때문에 인간만이 하느님을 필요로 하는 것이 아니고 하느님도 인간을 필요로 한다는 사상이다.[18] 그래서 기독교 신비주의를 모상 신비주의라고 한다.

기독교 신비주의에 지대한 영향을 미친 사상은 영지주의와 신플라톤주의였다. 영지주의가 깊이 뿌리내리고 있었던 정신 풍토에서 예수의 공생활이 전개되었고, 제자들의 원시교단도 형성되었다. 그러므로 기독교사상 자체가 영지주의의 성격을 지니고 있다. 그 대표적인 증거가 다음과 같은 장엄한 말로 시작되는 『요한복음서』이다.

태초에 말씀이 있었다.
말씀은 하느님과 함께 있었고,
말씀은 곧 하느님이었다.
말씀은 천지창조 이전부터 하느님과 함께 있었다.
만물은 말씀을 통하여 생겨났고,
말씀 없이는 아무것도 태어나지 않았다.
말씀으로부터 태어난 것은 생명이었고,

생명은 인간의 빛이었다.

빛은 어둠 속에서 찬란하게 빛난다.

어둠이 그 빛을 이겼던 적은 한 번도 없다.

여기에서 하느님은 모든 존재자(beings)의 본질인 존재(the Being, Logos)이다. 형상을 지닌 인격신이 아닌, 모든 생명의 근원적 원천이자 궁극적 바탕인 것이다. 형언하거나 헤아릴 수 없는 존재라서 심연이나 무(Nothingness)로 일컬어지는 하느님은, 너무나 찬란하여 육안으로는 볼 수 없는 신성의 빛이다. 그 빛으로부터 나온 인간 또한 빛이고, 하느님이라는 영지주의의 중심사상을 간명하면서도 장쾌하게 선포하고 있다.

기독교 신비주의에 영지주의의 영향이 강하게 나타나는 것이 단지 영지주의가 당시의 지배적인 시대정신이었기 때문만은 아닐 것이다. 예수 자신이 신과의 합일을 완벽하게 구현한 신비체험의 대가였고, 제자들 또한 성령체험의 경험을 가지고 있었다는 사실과 무관하지 않았을 것이다. 즉, 서로 영향을 주고받으며 영지주의의 체계형성에도 일정하게 기여했을 것으로 여겨진다. 또 다른 요인으로는 모상 신비주의의 기틀을 마련한 신플라톤주의자 플로티누스(Plotinus)의 사상을 들 수 있을 것이다. 세인들로부터 "근원의 일자에 가장 가까이 간 자"[19)로 추앙받았던 플로티누스는 영지주의자로서 유대사상과 스토아사상, 힌두사상과 같은 여러 신비주의를 섭렵하고 있었다. 그래서 플라톤의 철학체계에서 뿌리로 작용하고 있는 신비주의

의 내밀한 요소를 찾아내어 영지주의와 결합시킬 수 있었던 것
이다.

플로티누스의 신플라톤주의를 구성하고 있는 중심사상은
네 가지이다. 삼라만상은 궁극적 일자인 하느님으로부터 방출
되어 나온 것이라는 유출설, 모두의 내부에는 신이 깃들어 있
다는 범신론 혹은 신의 모상설, 금욕과 희생보다는 안으로 들
어가 내면의 신성과 하나됨의 기쁨을 누리는 내향적 명상법
혹은 신적인 사랑(divine eros), 그리하여 마침내는 본래의 근원
인 일자에게로 흡수되어 돌아가는 자성회귀의 목적론이다.[20]
이러한 플로티누스의 신플라톤주의는 기독교 신비주의의 토
대가 되었다. 플로티누스의 철학사상 속에 기독교 신비주의의
원형이 고스란히 담겨 있기 때문이다. 기독교 신비주의의 신
과 인간의 이원론적 구분을 거부하는 신의 모상론, 그리고 신
과 온전하게 한몸을 이루는 방법으로 사랑을 강조하는 합일사
상은 플로티누스로부터 연원한 것이다.

플로티누스의 신비철학은[21] 신성의 외현화와 객관화를 강
조한 기독교 초기 교부 아우구스티누스(Augustine, 354~430)와
중세의 가장 탁월한 신비사상가로 알려진 에크하르트(Eckhart,
1260~1328)에 의하여 부정 신비주의의 성격을 지니게 되었다.
신과의 하나됨에 이르기 위한 방법으로서 에고의 끝없는 육체
적 욕구와 세속적 욕망을 부정하고 거부하였기 때문이다. 청
빈의 금욕주의와 탈속의 정적주의를 중시한 부정 신비주의와
는 달리, 긍정 신비주의는 사랑의 실천운동과 현실참여를 강

조한다. 클래르보의 베르나드(Bernard of Clairvaux, 1090~1153)
와 루우스브로엑(Ruusbroec, 1293~1381)은 자기 에고의 어두움
을 그대로 인정하고 세상의 어두움도 그대로 긍정하였으며,
그 어두움 속에서 어둠과 함께 하는 일상적인 삶의 현장에서
사랑의 실천행동으로 신과의 하나됨을 추구하였다. 이들 긍정
신비주의자의 노력은, 기독교 신비주의의 완성이라는 결실을
낳았다. 즉 신과 만나는 내면으로의 침잠이 신의 의지를 실현
하는 사랑의 실천활동과의 균형을 회복하게 된 것이다.[22]

기독교 신비주의에서 신과 하나됨의 신비체험은 '모든 사
람은 누구나 하느님의 자녀이고 그리스도'라는 믿음에서 출발
하는데, 이 믿음은 개인의 노력이 아니라 은총의 선물로 주어
지는 것으로 여겨진다. 이것이 여타의 신비주의와 다른 차이
점이지만 신인합일의 신비체험 자체에서는 하등의 차이가 없
다. 용어만 다르고, 기법이 다소 달라질 뿐이다. 내면으로 깊
이 내려가 에고가 완전히 사라진 고요한 정점에서 신성의 하
느님을 만나는 것이고, 그 신성이 바로 진정한 나인 그리스도
라는 것을 체험하는 것이며, 그리스도로 거듭 태어나는 사랑
의 실천과정에서 하느님과의 일체를 이루는 것이다.

이슬람 수피주의

기독교의 뿌리가 유대교인 것처럼, 무함마드(Muhammad,
570~632)에서 시작된 이슬람교도 유대교의 전통으로부터 발

전되어 나왔다. 이들 세 제도종교는 전통의 뿌리가 서로 같다. 유목사회의 호전성을 반영하는 인격신의 개념도 같고, 유일신의 신탁에 기초한 계시종교인 것도 같다. 경전과 율법을 중시하는 주지주의의 성향이 강한 것도 같고, 에고로부터 벗어나 신에게 다가가는 방법으로 사랑을 강조한 것도 같다. 마찬가지로 신비주의 전통에서도 이들 세 종교는 거의 비슷하다.

12세기경 기독교권에서 세속적인 모든 것을 경멸하고 부정하는 경건주의에 변화가 일어나고 있었다. 인간적인 요소가 가미되고, 사랑이 본질적 요소로 자리하기 시작한 것이다. 즉 기독교권에서 부정 신비주의가 긍정 신비주의로 완성되어 나가던 전후시기에, 이슬람교 내에서는 수피주의(sufism)가 일종의 사회운동으로 전개되었다. 이슬람은 계시의 절대성을 믿는 경전의 종교이다. 그런데도 문자 그대로의 해석을 강요하지 않고 상당한 정도로 해석의 자유를 허용하였던 것이다.23) 때문에 기독교 신비주의와 대조적으로 초창기 이슬람 신비주의는 제도권 안에서 주로 성장하고 발전하였다. 그러나 이슬람의 번영과 제국건설이라는 정치사회적 목적에서 체계화된 율법서와 정통교리를 넘어서 나가고자 할 때에는 갈등과 마찰이 일어났다.

8세기 초반에 이미 우마야드 왕조(Ummayad dynasty)의 세계팽창주의와 물질주의에 반대하는 종교운동이 일어났다. 하산 알 바스리(Hasan al Basri, 642~728)와 같은 금욕주의 운동가들은 무함마드 생존시의 단순하고 소박한 공동체생활과 쿠란

(Quran)의 순수정신으로 되돌아가기를 주장하였다.[24] 이들은
순니파 전통주의자들과 갈등을 빚었다. 그리고 "나는 진리이
다"라고 말했던 금욕주의 신비체험가 알 할라즈(al Hallaj,
857~922)는 신성모독죄로 8년 동안 투옥되었다가 처형당하였
다.[25] 10세기부터는 계속하여 분파들 간의 내부대립이 심각한
양상을 띠자 신비체험 추구자들은 무슬림 제국의 풍요와 사
치, 권력과 영광을 버리고 사막으로 나갔다.

이슬람 신비주의자들은 광야에서 조야(粗野)한 음식을 먹
고, 거친 침상에서 잠을 자면서 내면으로 침잠해 들어가 존재
의 근원인 일자를 만나는 수행에 전념하였다. 주로 짐승의 털
옷(suf)을 입고 생활하였기 때문에 수피(sufis)라는 이름이 붙여졌
고, 그들의 신인동일과 신인합일의 사상이 수피주의로 불리게
되었다 한다.

인도의 힌두사상이나 불교사상도 깊게 침윤되어 있는 수피
주의의 핵심사상은 존재의 단일성이다. 모든 존재자는 유일무
이한 독자성과 고유성을 지닌 유한자이다. 하지만 각각의 무
수한 다양성과 독특성을 가능하게 하는 근원은 영원불멸의 무
한자 알라이고, 천차만별의 모든 유한자 내면에는 예외 없이
무한자 알라가 존재한다는 사상이다. 즉 인간과 신, 인간과 인
간, 인간과 사물 간에 존재하는 비본질적인 다양성은 존중하
면서도, 본질적인 차이는 부정하는 절대평등의 사상이자 이슬
람 정통교리인 신의 타자성을 거부하고, 신의 자기성을 강조
하는 사상이 수피주의이다.

　수피들이 스승을 중심으로 집단을 형성한 것은 11세기가 되어서였지만, 그것도 힌두세계에서의 아쉬람과 마찬가지로 결속력이 약하여 스승의 사망과 더불어 와해되는 집단에 불과하였다. 12, 13세기에서야 수피주의는 장족의 진전을 보게 되어 고행과 극기, 버림과 비움을 통하여 일자인 알라와의 직접적인 합일을 추구하였으나 금욕주의에 머물지 않았다. 환희와 기쁨으로 충만한 사랑의 신비주의로 발전한 것이다. 그 결과 사랑을 노래한 무수히 많은 위대한 시인과 성인을 배출한 수피주의는 이란과 이라크의 메소포타미아, 중앙아시아, 북아프리카 등지로 확산되어 나갈 정도로 크게 성장하였다.

　여타의 신비주의와 마찬가지로 수피주의도 신과의 합일방법으로 지혜와 사랑을 중시하나, 그보다 더 강조하는 것은 신에 대한 사랑의 헌신활동이다. 그래서 이슬람 수피주의가 사랑의 신비주의로 불려지고 있는 것이다. 수피주의에서도 순수직관의 통찰, 영지는 핵심요소이다. 피조물이 모두 신성의 하느님임을 기억해내고, 깨닫게 되는 것은 순수의식의 영지에 의해서만 가능하기 때문이다. 일자인 알라는 끊임없이 변전하는 피조물 안에 있으면서도 동시에 인과율과 시공간을 넘어선 초월자라는 사실을 체득하는 데에도 영지는 필수적이기 때문이다.

　그런데도 수피주의는 사랑을 더 우선시한다. 신의 현존체험과 신과 합일체험의 전제조건은, 자기사랑과 이웃사랑이기 때문이다. 자기와의 화해와 이웃과의 화해가 없는 신인합일은,

또 다른 관념에 불과하다. 여전히 대상화하고 대상화되는 자기분리, 지배하고 지배당하는 인간관계, 이용하고 이용당하는 사물관계 속에 있기 때문이다. 신의 본질은 사랑이다. 집착하지 않고 소유하지 않는 순수한 사랑으로 타자와의 관계에서 상실한 일치를 회복함으로써만 몸으로 신의 현존을 느낄 수 있으며, 신과의 행복한 결합의 기쁨을 누릴 수 있고, 신과 동체가 되는 궁극목적에 도달할 수 있는 것이다.

수피주의가 신과의 하나됨에 가장 큰 방해요인이라 파악한 것은 우리가 자기정체성이나 자의식으로 작용하는 에고이다. 자기중심적으로 생각하고, 판단하고, 왜곡하고, 주장하는 에고가 남아있는 한 신과의 합일체험은 불완전하거나 불가능하다는 것이다. 우리 인간은 본래 순수하고 찬란한 빛이다. 그러나 이 세상에 태어나는 순간 대부분의 사람들은 자신의 본래성이 찬란한 신성의 빛임을 망각하게 된다. 어린아이의 순수성과 신성은 오래가지 못한다. 어른들의 역할을 모방하고 사회의 관습과 인습을 내면화하는 과정에서 거짓과 허위, 가식과 위선의 벽에 갇히기 시작한다. 미운 일곱 살을 지나게 되면 신성은 에고의 감옥 속에 완전히 유폐되어 버린다. 수많은 형태의 불평등한 권력관계가 이중, 삼중으로 작용하는 현실세계에서 살아남으려는 방어기제가 형성한 강박성의 인간의식이 에고인데, 이 에고가 주인의 자리를 대신하면서 본래의 신성을 압도하게 되는 것이다.

이러한 에고의 특성을 파악하고자 수피주의의 스승들에게

비밀리에 전수되어 왔던 것이 에니어그램(Enneargram)이다. 인간의 성격을 9가지로 분류하여 유형화한 에니어그램은, 에고의 작용으로부터 벗어나 신과의 합일체험을 통하여 본래의 알라에게로 돌아가려고 정진하는 수피수행자에게 도움을 주고자 사용되었다. 그러나 현재 유럽과 미국사회 중심으로 세계적으로 널리 활용되고 있는 에니어그램은 1920년대에 러시아의 신비가 구지예프(Gurdijieff)에 의하여 유럽에 알려져 미국으로 전파된 것이다. 1만여 명에 이르는 에니어그램 지도자와 연구자는 국제적인 네트워크를 형성할 정도로 급성장하고 있으나, 수피주의의 원래 목적인 자아소멸으로부터는 상당히 이탈한 것으로 보인다. 개인의 자아개발이나 자아강화 프로그램, 가족성원들 간의 불화해소 프로그램, 조직성원들 간의 팀웍과 결속강화 프로그램, 기업의 인사관리와 창의성 개발 프로그램 등으로 사용되고 있는 추세이기 때문이다.

중국과 한국의 선

중국과 한국에서 발전한 대표적인 신비주의는 선사상이다. 조사선, 간화선, 묵조선으로 불리고 있는 중국과 한국의 선사상은 모두 대승불교의 경전에 기초하고 있다. 석가가 죽은 지 4, 5세기가 지난 후 부파불교에 반대하여 석가의 근본정신을 체현하려는 개혁운동의 결과로 새롭게 성립된 것이 대승불교이다. 따라서 대승불교 경전의 성격은 판이하게 다르다. 『반야경』『금강경』『유마경』『법화경』『화엄경』『열반경』『능가경』『대승기신론』 등의 대승불교 경전들은 형식에서는 석가의 설법을 기록하는 기존의 양식을 취하고 있다. 그러나 내용은 석가가 아닌, 스스로 부처의 경지에 오른 무명의 무수한 선사들의 말이다. 자신의 불성을 체험하여 확연히 깨닫고 본래의 청정심으로 돌아간 수많은 신비체험가들이 스스로 부처에 도달한 길을 밝혀주는 내용들로 경전들은 구성되어 있다.

기원전후 1세기경에 중국에 전해진 제도불교는 주로 출가자 중심의 종교로 귀족과 왕족을 위한 교화이념이나 지배이념의 성격을 지니고 있었다. 반면에 서기 6세기 초 페르시아 태생의 달마에 의해서 진작된 선사상은, 재가자 중심의 서민층을 위한 불성체험의 실천행을 근본으로 삼고 있다. 모든 사람에게는 예외 없이 진정한 자기로서의 불성인 청정심을 가지고 있다는 것이다. 그래서 진정한 자기에게로 돌아가기만 하면 누구에게나 지혜가 열려 진리를 보게 되고, 온갖 시름과 고통에서 해방되어 자유롭게 된다는 사상이다. 고뇌와 번민, 근심과 불안이 더 이상 침범하지 않는 안심과 안락의 불성에 이르는 구체적인 네 가지의 실천행은 다음과 같다.

첫째, 밖으로 향하는 원망의 마음보다는 자기 내부의 원인을 살피는 보원행(報怨行)이다. 둘째, 기쁨과 슬픔, 행복과 불행, 고통과 편안은 영원한 것이 아니라 수시로 변하는 허망한 것임을 깨달아 회피하지도 연연하지도 않는 수연행(隨緣行)이다. 셋째, 기대하고 바라는 데서 온갖 고통과 괴로움이 생겨나므로, 밖으로부터 구하여 얻으려는 일체의 탐심을 버리는 무소구행(無所求行)이다. 마지막으로 넷째는, 너와 나의 구분도 없고, 주는 자와 받는 자의 구분도 없는 불성의 자비를 실천하는 칭법행(秤法行)이다.[26]

불성을 자각하고 체현하는 선사상의 초석을 마련하고자 달마가 부심하였던 6세기의 중국에서는 이미 두 가지의 신비주의 전통이 자리 잡고 있었다. 하나는 한국고유의 선도전통이고, 다른 하나는 노장자의 도가전통이다. 지리문화적으로 한국과 서로 맞닿아 있던 중국에서는 예로부터 한국 고유의 선도사상이 깊이 뿌리내리고 있었다. 신비주의의 전형으로 볼 수 있는 한국의 선도는 인도의 요가보다도 수천 년이나 앞서서 발전했다고 한다.[27] 최근 삼사십 년에 걸쳐 일반인에게 새로이 보급되기 전까지 한국선도는 오랜 세월 동안 잊혀져 있었다. 그러나 중국의 고서『산해경』에서 청구국(靑丘國)으로 지칭한 한국은, 신인일체의 고도로 발전한 정신문화을 구가하고 있는 선인들의 나라로 기술되고 있다.[28]

무수한 외침과 전란, 포학한 통치자의 전횡에 의한 신성으로부터의 단절로 선도의 전통은 점차 사라지거나 잊혀져 갔다. 산중에서 생활한 극소수의 선사들을 제외하고는 우리들 대부분은 지금도 유불선을 이야기하면서도 선도전통의 존재조차 모르고 있는 형편이다. 하지만 당시는 달랐던 듯하다. 우주의 뭇 생명과 함께 하는 신인합일의 선도가, 한국인의 심성만이 아니라 중국인의 심성에도 내재되어 있었던 것으로 보이는데, 그 단적인 증거가 노장사상의 대중화일 것이다. 연대가 확실하지는 않지만 대략 기원전 6세기에 살았던 노자의 도가사상은 신의 경지에 도달해야만 이해할 수 있는 고차원의 진리이다. 그런데도 서민들의 생활철학이 될 수 있었던 것은 선도의 영향과 무관하지 않았을 것으로 여겨지기 때문이다.

　이러한 정신문화의 토양에 뿌려진 1대조 달마의 선사상은 2조 혜가, 3조 승찬, 4조 도신, 5조 홍인으로 이어져 내려오면서 크게 발전하였다. 특히 홍인에 이르러서는 선정과 노동을 결합한 생활수행으로의 혁신이라는 전대미문의 성과를 이뤄내기도 하였으나, 그럼에도 불구하고 명상수행의 기법이나 방편에 집착하는 선정주의로 흐르고 있었다. 번뇌망상의 소멸을 위한 과도한 정신집중과 형식주의의 병폐를 쇄신하려는 돈오선(頓悟禪)의 출현으로, 중국선은 신수의 북종선과 혜능의 남종선으로 양분된다.

　북종의 점수선(漸修禪)은 일종의 부정 신비주의이다. 마음에 끼인 일체의 망념과 탐심을 닦아내고 또 닦아내어 명경같이 청정한 상태, 존재의 궁극적 근원, 순수의식의 부처에게로 단계적인 과정을 밟아서 나가는 노선을 취한다. 이 노선의 가장 큰 단점은 에고를 소멸하려는 의지적이고 인위적인 노력이 오히려 에고를 강화할 위험이 있다는 것이다. 많은 선수행자에게서 보이는 편협성과 편벽성, 오만성과 특권의식이 그 증거이다. 고되고 힘든 자기정화의 단계에서 중심적인 역할을 하는 것은 여전히 에고이기 때문이다. 이 경우의 에고는 사라지는 것이 아니라 단지 존재의 궁극적 근원으로서의 부처성, 진여심, 청정심, 공(空)이라는 옷을 입을 뿐이다.

북종선이 부처가 되는 길로 설정한 단계적인 정화과정에서 에고가 행하는 작용은 첫째, 자기의 존재를 대상화하여 '깨끗한 나'와 '그렇지 못한 나'로 분리한다는 것이다. 둘째, '청정의 나'는 긍정하고 '오염의 나'는 부정한다는 것이다. 셋째, '오염의 나'를 제거하려는 노력과 비례하여 '청정의 나'에 더욱 집착한다는 것이다. 넷째, '깨끗하지 못한 나'의 완전한 제거는 사실상 불가능하므로, 자신의 어둠을 숨기고 은폐하는 방법으로 '깨끗한 나'를 강력하게 주장하는 자기기만과 위선으로 빠져들게 한다는 것이다.

북종선이 표방한 수행방식이 안고 있는 에고 중심의 습속주의와 엘리트주의을 극복하고자 6조 혜능(638~713)이 주창한 돈오선은, 어떤 조건을 구비하거나 단계를 거치지 않고 단번에 불성으로 돌진해 들어가는 방법이다. 『유마경』에 근거하여 출가자와 재가자에 하등의 구분도 두지 않으며, 외부의 현상계를 거부하여 내면의 세계로 은둔하지도 않는다. 『열반경』과 『금강경』에 의거하여 자기의 존재를 '깨끗한 나'와 '그렇지 못한 나'로 분리하지 않으며, 청정심과 오염심을 나누어 둘로 여기지 않는다. 일체의 만물과 만상을 부처로 온전히 받아들이는 긍정의 신비주의인 것이다. 여기서는 성과 속, 선과 악이 따로 없고, 부처인 것과 아닌 것도 따로 없이 모두가 하나이며 모두가 부처이다. 명상이 곧 생활이고, 생활이 곧 명상이다. 어떤 형태의 구별이나 차별에도 의지하지 않음으로써 에고를 사라지게 하는 가장 쉽고도 간단한 방식이다. 에고만 사라지면 있는 그대로 진리인 지복의 세계가 누구에게나 열리기 때문이다.

혜능은 돈오선 그 자체인 삶을 살았다. 글도 모르는 가난한 나무꾼으로 홀어머니를 봉양하며 살아가던 어느 날, 시장에서 한 나그네가 독송하는 『금강경』의 "응당 어디에도 머물지 않는 마음을 내라"[應無所住而生其心]는 말을 듣고 크게 깨달은 혜능은, 5조 홍인을 찾아가 부처가 되는 가르침을 청한다. "영남 출신의 오랑캐가 어떻게 부처가 될 수 있겠느냐"고 대답한 홍인에게 "불성에 무슨 남북의 구별이 있겠느냐"고 반문한 혜능은, 결국 자타가 공인하는 학승이고 수제자였던 신수보다 더 탁월한 시를 지어 법의와 법기를 물려받아 6조의 지위에 오른 인물이라고 『육조단경』은 전하고 있다. 서민층을 대변하는 이상적인 조사로 묘사되어 있는 혜능은 실제의 역사적인 인물이 아니라 혜능의 제자로 알려진 신회(684~758)가 지어낸 가공의 인물이라고 한다. 혜능의 돈오선도 신회의 사상이라는 사실이 최근에 발굴된 문헌에 의하여 밝혀지고 있다. 그러나 혜능이 역사적 실존 인물인지 아닌지, 돈오선이 혜능의 것인지 신회의 것인지는 그리 중요한 문제가 아니다. 북종에서도 남종의 돈오선을 수용할 정도로 우주와 하나되는 신비체험을 위한 실천사상의 새로운 기틀이 되었다는 사실이 중요한 것이다.

남종의 돈오선이 한국에 전래된 것은 부정할 수 없는 사실이다. 고구려 소수림왕 2년에 해당하는 서기 372년에 중국으로부터 수입되어 지배집단의 호국종교로 제도화된 불교의 세력 때문에 선사상이 들어올 자리가 없었다. 신라에서도 사정은 크게 다르지 않았다. 법낭(507~581)은 4조 도신의 선사상을, 신행(540~594)은 북종선을 전하였으나 수용되지 못하였다. 9세기경 왕실의 지배권이 약화되어 가던 신라말기의 시대에 이르러서야 중국에서 수학한 도의, 염거, 홍척, 혜철, 도윤 등의 신라 승려들에 의하여 수입된 선사상이 여러 문파를 형성하며 확산되어 나갈 수 있었다.

일체의 구별과 차별, 형식과 기법, 경전과 계율, 전통과 권위 등등 그 어디에도 걸림이나 얽매임이 없는 자유자재한 순수긍정의 돈오선을 중국고유의 선사상으로만 보기는 어렵다. 시기적으로 신회보다 60년이나 먼저 태어나 활약하였던 원효(617~686)의 무애행(無碍行)도 돈오선과 다르지 않기 때문이다. 뿐만 아니라 당대의 가장 빼어난 학승이었던 원효가 중국의 선사상에 미친 영향 역시 부인하기 어렵다. 중국에서 기신론 연구의 지침서로 사용되었던 문헌은, 다름 아닌 원효가 원문에 일일이 해석을 가하는 방식으로 저술한 『대승기신론소』였기 때문이다. 이 저작에서 인간의 심성구조를 명쾌하게 풀어내고 있는 원효의 일심사상(一心思想)은 돈오선의 사상과 정확하게 일치하고 있다.

원효의 일심사상에 의하면, 진여심과 생멸심은 둘이 아니라 하나이다. 그 하나의 마음 즉 일심이 잔잔한 호수처럼 맑고 고요하면 진여심이지만, 풍랑으로 소용돌이치는 바다처럼 인연으로 일렁이면 생멸심인 것이다. 번뇌와 망상이 일어났다가 사라지는 생기와 소멸을 거듭하는 것도 다름 아닌 일심인 것이다. 우리가 자기 자신을 대상화하면 주객으로의 자기분열이 일어나 일심의 순수의식은 제8식의 아리야식으로 전락하고, 대상화한 자기를 실재로 여기면 제7식의 말나식으로 또 한번 전락한다. 눈과 귀, 코와 입, 몸과 마음으로 접하는 천태만상의 여러 사물과 대상, 사건과 현상을 본질로 여겨서 싫어하고 좋아하거나, 소유하고 집착하면 일심은 제6식의 분별식으로 변한다. 그러나 모든 분별심이나 차별심이 사라지면 일심은 다시 본래의 청정한 진여심인 제9식의 암마라식으로 돌아가는 것이다.

남종의 돈오선에서와 마찬가지로, 원효의 무애행과 일심론에서도 뭇 생명의 외양은 천차만별이어도 일심 그 자체는 절대평등하다. 몸은 생성소멸, 변화유전하여도 일심 그 자체는 광대무변하다. 존재의 궁극적 근원인 부처성은 모든 사람에게 청정하고 불변인 채로 내재되어 있다. 그러므로 불성에서는 범부와 성인의 차별이 있을 수 없는 것이다. 굳이 있다고 한다면, 성인의 불성은 활발히 작용하는 반면 범부의 불성은 잠자고 있다는 차이일 뿐이다. 사실 중국과 한국의 선사상은 법의를 버리고 일반 서민층의 생활 속으로 파고들어간 원효의 무애행과 일심론의 사상적 토대 위에서 성장하였던 셈이다.

고려시대에 와서는 지눌(1158~1210)이 선사상의 새로운 기풍을 일으켰다. 고요히 침잠하는 선정과 사물의 이치를 밝게 관찰하는 지혜의 정혜쌍수(定慧雙修)를 강조한 것이다. 그런 지눌에 의하여 한국의 선사상은, 북종의 점수선과 남종의 돈오선을 결합한 돈오점수의 지관(止觀) 신비주의로 체계화되었다. 단번에 자신의 불성을 깨닫는 돈오를 먼저 체험한 다음, 고정관념과 습속을 하나씩 털어내어 부처로 변용되는 점수의 실천행으로 나아가는 것이다. 잠시도 쉬지 않고 모든 것을 대상화, 사물화, 실체화하느라 분주하고 번거로운 에고의 작용과 허구성을 갈파하여 무아(無我)에의 지혜, 즉 반야에 이르는 실천행은 관(觀)이다. 에고의 집착과 고통에서 해방되어 무념무상의 절대자유와 절대평화의 고요한 상태에 이르는 선정행은 지(止)이다. 지관 신비주의의 특징은 자기 자신 안에 상주하는 불성을 제외한 외부의 어떤 권위에도 의존하지 않는 데에 있다.

신비체험의 대가들

빛의 성자들

궁극적 실재인 순수의식에게로 돌아가 우주와 하나되는 신비주의의 실현 가능성은 누구에게나 열려 있다. 그러나 신과의 하나됨에 이른 사람은 소수의 성자들에 불과할 정도로 그리 많지 않다. 종파와 교파, 문파와 유파를 불문하고 모든 성자들은 각기 자기 내부에 있는 생명의 중심자리로 파고들어가 신성의 터전에 깊이 뿌리내리고 있는 대자유인이다. 그들은 하나같이 진리를 추구하였고, 생명을 사랑하였으며, 세계를 구원하고자 하였고, 실제로 인류의 영원한 빛으로 살았다.

이러한 성자들로는 누가 있는가? 아마도 제일 먼저 사대 성현이 떠오를 것이다. 석가(기원전 560~480), 공자(기원전 551~479), 소크라테스(기원전 469~399), 그리고 예수는 인류의 가장 위대한 스승들로서 우리 곁에 있는 성자라는 데에 이견이 없을 것이다. 세계종교의 시조로 볼 수 있는 조로아스터(Joroaster, 기원전 660~583), 노자(기원전 604~531), 마하비라(Mahavira, 기원전 448~376),[29] 마니(Mani, 서기 216~277)나 무함마드와 같은 인물도 너무나 찬란히 빛나는 성자로 모두에게 알려져 있다. 그러나 드러나지 않은 성자들도 많이 있다. 단지 알려지지 않았을 뿐이지 우주적 하나됨에 이른 수많은 성자들은 과거에도 존재했고, 지금도 존재하고 있다.

에고의 경계, 차별상, 벽을 모두 허물어 버리고 우주의 모든 생명과 한 몸[同體]이 된 빛의 성자들은 절대평등과 무조건적인 사랑을 체현하고 있다. 시간과 공간의 제약을 벗어나 한 순간도 놓치지 않고 무한한 사랑으로, 세계를 근본적으로 변화, 정화시키고 있는 것이다. 그들의 체현은 우리의 눈에는 보이지 않지만 세계의 자정력(自淨力)으로 작용하고 있다.

빛의 성자들이 우리에게 보내는 무한한 사랑을 입증하는 개념은 『금강경』의 제2묘행무주분에 나오는 무주상보시(無住相布施)로, 『신약성서』의 오른손이 하는 것을 왼손이 모르게 하는 사랑과 같은 개념이다. 이는 상대방에게 가장 좋은 방법으로 최상의 유익이 되도록 돕지만, 머리나 가슴으로 무언가를 주는 사랑은 아니다. 따라서 보답과 대가를 요구할 수도 없는 무차별적이고, 무조건적이며, 영원한 사랑이다.

　궁극의 진리를 추구하고, 뭇 생명을 무한히 사랑하고, 세계의 구원에 전력한 신비체험의 대가로서의 성자들은 무수히 많다. 물론 인류역사 전체의 어마어마한 인구 규모에 비하면 성자의 수는 극히 소수이다. 그러나 결코 작은 수는 아니다. 현재 지구상에 현존하는 성자들의 수만도 200여 명에 이른다고 한다. 그러므로 우리에게 상대적으로 알려지지 않은 성자들에 한정하여 몇몇만을 간략히 소개한다.

　인도는 성자들의 나라이다. 특히 히말라야는 수많은 성자들을 배출하였는데, 이는 바바지(Babaji)라는 대성자와 무관하지 않은 듯하다. 라히리 마하사야(Lahiri Mahasaya, 1828~1895) 성자의 스승인 바바지는 살아 있는 신의 화신으로, 히말라야 북부의 험준한 암벽에 의지하여 생활하면서 수행자들의 진화(眞化)를 도와온 지가 수천 년에 이른다고 한다.30) 현대인도의 그리스도로 알려진 바바지가 지금도 활약하고 있는 히말라야는 역시 성자들의 요람이다.

　대표적인 근세인도의 성자는 라마크리슈나(Ramakrishna, 1836~1886)로, 프랑스의 작가 로망 롤랑(Romain Rolland)에 의하여 서방세계에 알려진 벵갈의 성자이다. 그는 라마나 마하리쉬(Ramana Maharishi, 1879~1950)와 함께, 최근 300년간의 힌두주의 신비체험가들 중에서 석가나 예수와 버금갈 정도로 뛰어난 성자로 추앙받고 있는 인물이다.31)

　라마크리슈나가 성자에 이른 길은 경건의 요가이다. 브라만의 여성적 신성을 구현한 칼리 어머니신(the Mother goddess

Kali)을 전심으로 섬기고 모신 것이다. 그 결과로 에고가 소멸
되어 자기의 진아, 아트만을 찾을 수 있었다. 그리고 마침내
영원히 찬란한 근원의 빛, 절대자 브라만과 하나가 되었던 것
이다. 벵골의 가난한 가정에서 막내아들로 태어나 벵골어밖에
는 사용할 줄 몰랐던 단순하고 소박한 19세기의 성자 라마크
리슈나는 자기의 어머니와 관련된 유년기를 회상하면서 다음
과 같은 일화를 들려주었다. 이 일화는 그가 어머니로부터 배
운 소중한 경험과도 같은 내용으로, 가네샤(Ganesha) 신이 길
을 가다가 발견한 고양이를 해친 결과에 대한 이야기이다.

어느 날 가네샤 동자신이 고양이 한 마리를 발견하였다.
잽싸게 쫓아가 잡자마자 여기저기 때리고 비틀며 못살게 굴
었다. 고양이가 간신히 도망쳐 달아날 때까지 온갖 방법으
로 괴롭히다가 집에 돌아왔다. 그런데 놀라운 일이 그를 기
다리고 있었다. 어머니인 파르바티(Parvati) 여신의 몸 여기
저기에 시퍼렇게 멍이 들어 있고 상처가 나 있는 것이었다.
어머니가 아들에게 엄히 가르쳤다. 살아있는 존재는 모두
어머니 자신의 일부이므로, 그들에게 자행한 잘못은 바로
어머니인 자기에게 행한 것임을 분명히 보여주었다.[32]

라마크리슈나는 5살에 학교에 들어갈 정도로 지능과 기억
력이 비상하였고, 산수에는 소질이 없었던 대신 예술적 감각
이 뛰어났다. 공부보다는 어머니와 가사일 하기, 그림 그리기,

그리고 노래 부르기를 더 즐겼다. 그래서인지 다음과 같은 최초의 초월체험도 미학적 감수성에서 기인한 것 같다.

> 벼밭 사잇길을 따라 걸어갔다. 쌀알을 까서 입에 넣고 씹으면서 하늘을 향하여 눈을 들어올린 순간이었다. 거대한 검은 구름이 순식간에 퍼지면서 하늘을 완전히 덮어 버렸다. 그런데 갑자기 그 구름의 끝자락에서 한 떼의 눈같이 하얀 학들이 날아올라 이마 위로 지나갔다. 흑백의 대조가 너무 아름다워 나의 영은 끝없이 배회하였다. 나는 의식을 잃고 땅바닥에 쓰러졌다. 튕겨져 나온 쌀알도 땅에 흩어졌다. 누군가가 나를 일으켜 안아서 집에 데려다 주었다. 고조된 환희와 감동이 나를 압도하였다.[33]

미학적 감수성에 의한 초월체험만이 아니다. 존재기반과 존재의미의 상실체험도 그에게는 신비체험의 동인으로 작용하였다. 8살의 어린 나이에 라마크리슈나는 아버지를 잃었다. 차형의 불행한 결혼으로 인한 가정불화와 빈곤 속에서 13살에는 작은 형수가 죽었고, 17살에는 아버지와 같은 맏형도 세상을 떠났다. 그 뿐만이 아니었다. 맏형의 죽음 이래 더욱 몰두하여 열성으로 섬겼던 칼리 여신에 대해 이전에 느꼈던 비전마저도 사라지고 말았다. 신으로부터도 완전히 버림받은 단절감은 그로 하여금 자살을 시도하게 할 정도의 고통으로 몰아넣었다. 그러나 너무 고통스러워 외부의 대상과의 연결고리를 모두 놓

아버린 바로 그 순간에, 그는 에고로부터 해방될 수 있었다.

라마크리슈나와 쌍벽을 이루는 20세기의 성자는 라마나 마하리쉬이다. 지혜의 성자로 알려진 마하리쉬는 어린아이와 같은 순진무구함과 수용성을 지녔을 뿐만 아니라 따뜻함과 포근함으로 충만한 성인으로 유명하다. 그와의 만남 자체가 사람들로 하여금 저절로 에고의 사라짐과 진아의 세계를 체험하게 만들었다고 하는데, 이는 브룬톤(Brunton)이라는 사람의 글에서도 드러나고 있다.

나는 그의 모습에서 시선을 뗄 수 없었다.(중략) 이상한 느낌이 나를 점점 굳게 사로잡음에 따라 맨 처음 그에게서 완전히 무시당했다고 생각했던 때의 당혹감이 서서히 사라져 갔다. 그러나 내면에서 이러한 고요하고 저항할 수 없는 변화가 일어나고 있다는 사실을 안 것은 그와 대면한 지 한 시간 정도 지나서였다.(중략) 그에게 질문하려고 곰곰이 생각해 두었던 문제들이 하나하나씩 사라져 갔다.(중략) 지금까지 나를 괴롭혀 온 문제들을 굳이 풀려고 하지 않아도 좋을 것 같았다. 조용한 침묵의 강이 내 곁에서 흐르는 듯했고, 거대한 평화가 내 내면을 뚫고 들어옴에 따라 고민으로 시달려 오던 나의 머리는 점차 편안한 휴식처에 이르고 있었다.[34]

라마크리슈나와는 대조적으로, 마하리쉬가 에고의 존재를

온전히 비우기 위하여 사용한 수행법은 한국의 간화선이나 돈오선과 유사한 방법인 지혜의 요가이다. 이는 "나는 누구인가"의 화두를 가지고 아트만의 본래 자리로 몰입해 들어가는 방법으로, 여기에서도 일심의 지혜가 요구된다. 내면 저 깊은 곳, 본체의 자리로 들어가는 마음은 진아인 진여심이고, 외부의 대상에게로 끌려가는 마음은 자아인 생멸심이기 때문이다. 진아의 마음자리로부터 에고는 진아의 일부이지만 실재가 아님을 관찰하는 방법이다.

주객의 분리과정에서 '나는 이런 사람이야'라고 남에게 보이기 위한 대상으로 설정한 가공의 존재가 에고임을 마하리쉬는 관찰한 것이다. 그리고 결국에는 관찰하거나 관찰당하는 '나'라는 관념조차도 온전히 사라진 상태, 즉 하늘이나 허공처럼 허허로운 진정한 무아의 아트만으로 돌아간 것이다. 모든 현상 배후에 존재하는 비인격적인 절대자 브라만, 빛의 순수의식과 합체를 이룬 것이다.

마하리쉬는 라마크리슈나와 달리 변호사 아버지를 두었던 관계로 유복하게 자랐다. 그러나 그도 일찍 아버지를 여의었다. 12살에 움직임이 없는 아버지의 주검으로부터 육체가 인간의 전부가 아니라는 것을 깨달은 그는 그 이후에 형과 함께 삼촌댁으로 보내져 중학교에 다녔다. 그러나 공부에는 관심이 없었고, 수영이나 축구와 같은 운동에 더 열중했다. 친구들과 장난치며 놀기를 즐기는 간간히 그는 내면으로부터 들려오는 신비한 소리와 진동을 느끼기도 하였다.

그러다가 17살이 되던 해에는 순식간에 덮쳐온 죽을 것 같은 거대한 공포와 함께 내면으로부터 올라오는 불멸의 진아를 체험한다. 그 뒤로 진아에 사로잡힌 그는 친구나 놀이도 흥미와 재미가 없었다. 수업에 소홀했던 벌로 그가 영문법에 관한 숙제를 억지로 하는 모습을 본 형이 고함을 지르며 무시와 조롱을 퍼붓자 그것이 하나의 기폭제가 되어 마하리쉬는 가출을 한다. 집을 나온 그는 어려서부터 내면으로부터 들려온 아루나찰라(Arunachala) 산으로 무작정 향하였다.

목적지에 당도하여 찾아 들어간 곳은 한 사원의 지하실이었다. 그곳에서 그는 깊은 명상에 들었다. 온 몸은 해충들에게 물린 상처로 썩고 피고름으로 범벅이 되었지만 그것을 전혀 느끼지 못할 정도로 육체를 잊은 마하리쉬의 삼매상태는 2개월 동안이나 지속되었다. 전설 속의 성자의 모습을 그에게서 발견한 사람들이 수없이 몰려들었다. 시간이 지나면서 뭇사람들에게 마음의 고향으로 자리한 그를 중심으로 아쉬람이 자연스럽게 형성되었던 것이다.

히말라야의 성자들 가운데는 그리스도의 사랑으로 충만한 사람이 있었는데, 그가 바로 맨발의 성자 썬다 싱(Sundar Singh, 1889~1926)이다. 기독교가 자본주의와 제국주의의 충실한 동반자로 전락했던 시기에, 그는 꺼져가는 그리스도정신을 다시 살려낸 불꽃으로 살았던 빛의 성자이자 온전한 인도인이면서 그리스도성을 온전히 구현한 보편정신의 소유자이기도 했다.

썬다 싱의 무소유는 가족과 가문, 부와 권력, 지위와 명예를 모두 버린 것에 그치지 않았다. 어떤 거처나 은신처도 없이 살았던 그는 때로는 나뭇가지 위에서, 때로는 동굴에서, 때로는 길바닥에서 거리의 사람으로 떠돌면서 그리스도의 사랑을 실천하였다. 인도 고유의 전통에 따라 머리에는 터번을 쓰고, 몸에는 누런 가사를 걸치고, 아무것도 신지 않은 맨발로 걸식하면서 이 마을 저 마을로 유랑하는 철저한 무소유의 삶, 철저한 사랑의 삶을 살았던 것이다.

티벳인 한 명과 동행하여 열 번째로 히말라야를 넘던 날의 썬다 싱의 선택은 감동적이다. 만년설로 덮여 있는 히말라야에서는 여름에도 눈사태가 일어나거나 폭설이 내리기도 한다. 그날도 갑자기 내린 눈으로 산길이 모두 막혔다. 다음은 눈보라 치는 추위 속을 뚫고 나가다가 얼어 죽은 사람을 발견했을 때의 이야기이다.

시야에 웅크리고 있는 동사체 하나가 나타났다. 얼어 죽은 모양이었다.(중략) 썬다는 동행에게 구조하여 업고 가자고 제의하였다. 동행은 "그러다가는 우리도 얼어 죽소 나는 살아야겠소."라며 매정하게 고개를 젓고는 계속 나아가 버렸다. 썬다는(중략) 그의 생사를 확인했다. 아직 살아 있긴 했으나 넘어져 다친 데다가 몸이 얼어 죽기 직전이었다.(중략) 그를 들쳐 업었다.(중략) 업었다가 붙안았다가 하면서 휘청거리는 발걸음을 뗀 지 몇 시간이 지났을까? 고갯마루에 거의 다다른 썬다의 시야에 또 다른 동사체가 나타났다.

가까이 가서 살펴보니(중략) 살겠다고 먼저 가버렸던 그 동
행이었다. 눈 속에 파묻히다시피 웅크리고 쓰러진 그는 이
미 꽁꽁 얼어 죽어 있었다.(중략) 둘은 서로의 밀착된 체온
이 내는 열기로 살아남았는데, 목숨을 건지겠다던 사람은
혼자의 체온이 식어내려 결국 목숨을 잃은 것이다..[35]

인도의 편잡 지역에서 시크족 대지주 집안의 아들로 태어
난 썬다 싱은 아주 어려서부터 부모와 함께 힌두사원에 다녔
고, 힌두사상을 배웠다. 7살에는 '바가바드기타'를 암송하였고
16살에는 베다를 독파하였으며, 요가도 배우고 이슬람의 쿠란
도 정독하였다. 게다가 영국선교사가 운영하는 학교에 입학하
여 기독교 성서까지 접하였다. 그러나 당시에는 성서로부터는
아무런 감흥도 느끼지 못하고 힌두사상에 몰입하였다. 14살에
죽은 어머니에 대한 상실감 때문이긴 하지만, 심지어 성서를
찢고 불태우기까지 하였다.

성서를 불태운 이후 더욱 가중된 불안감에 지배된 그는 자
살을 결심하고 새벽 3시에 일어나 신에게 절박한 기도를 한다.
"오 신이여, 당신이 존재한다면, 나에게 바른 길을 보여주세
요. 그러지 않으시면 저는 자살할 겁니다." 그는 실제로 신의
응답이 없으면, 매일 아침 5시에 마을을 통과하는 열차에 몸
을 던질 생각으로 똑같은 간청을 다시 반복했다. 그때 갑자기
찬란한 광채의 빛을 보았고, 그 빛 속에서 예수의 모습도 보았
다. 힌디어로 말하는 소리가 들렸다. "얼마나 더 걸려서 나를

찾으려 하느냐? 너는 바른 길을 구하였다. 그러면서도 왜 그 길을 따르지 않았느냐?" 그 말에 썬다는 예수가 죽지 않고 살아 있음을 깨달았고, 놀라운 평화와 기쁨을 경험하였으며, 성인으로 변모하기 시작하였던 것이다.

위대한 사상가와 과학자들

서기 205년 이집트에서 노예 신분의 집안에서 태어났으나, 270년 로마에서 위대한 철학자로서의 생애를 마감한 신플라톤주의자 플로티누스도 신비체험의 대가이다. 실존주의 철학자 야스퍼스(Jaspers)가 "서양의 영원한 모범"으로 극찬한 플로티누스는 단순한 플라톤사상의 연구자나 철학자가 아니라 전일자, 일자, 궁극자인 신과의 하나됨을 직접 체험한 영지주의자였다. 말로는 표현할 수 없다는 이유로 자신의 신비체험에 대하여 전혀 언급하지 않았던 플라톤과는 대조적으로, 플로티누스는 자신이 수시로 체험한 신인합일의 상태를 기록으로 남기고 있다.

나는 수시로 육체에서 벗어난 나 자신을 체험하곤 하였다. 다른 모든 사물과 대상으로부터도 완전히 벗어나 나 자신 속으로 들어갔던 것이다. 내면 깊은 곳에서 어마어마한 아름다움의 대해를 목격하였으며, 무엇보다도 내가 더욱 높은 존재에 속해 있다는 확신에 젖어들곤 하였다. 실제로 나의 삶은 최상의 생명력으로 충만하였고, 신과 하나가 되었다. 신성의 존재에 단단히 뿌리내리고 있는 나는, 지성계에 속하는 모든 것을 넘어선 궁극의 실재성에 도달하곤 하였다.(중략)

이러한 체험을 해본 사람은 누구나 내가 말하고 있는 것이 무엇인지 알 것이다. 영혼은 육체와는 다른 삶을 산다는 것을 알 것이다. 영혼은 일자(the One)에게로 나아가고, 일자에 다다르고, 일자 안에서 일자와 함께 하는 삶을 산다.(중략) 더 이상 아무것도 필요로 하지 않는 삶이다.(중략) 영혼의 삶은 모든 것을 포기하고, 오직 일자만을 믿어야 하며, 일자가 되어야 한다. 세속성은 모두 사라지게 하고, 자유롭게 되기를 열망하며, 어떤 속박도 용납하지 말아야 한다.[36]

플로티누스가 살았던 당시의 로마는 암투와 암살, 전쟁과 도륙, 질병과 빈곤, 부패와 무질서 등으로 황폐함과 비참함이 극에 달하였다. 전반적인 사회위기와 혼란의 와중에서 그가 인류의 위대한 정신적 스승으로 우뚝 설 수 있었던 것은, 신과 하나 되려는 구도자의 길을 선택하였기 때문이다. 마찬가지로 신플라톤주의의 학문체계를 구축해낼 수 있었던 것도 신인합일의 신비체험 때문이었을 것이다.

인간의 지성과 지식에는 한계가 있어서 빙산의 일부에 해당하는 부분적 진리, 상황에 따라 변하는 상대적 진리, 자연과 타자를 이용하고 지배하는 수단적 진리를 파악하는 수준에 지나지 않는다. 에고의 이기성과 자기중심성에서 벗어나지 못한 두뇌의 영민함과 지식섭렵의 근면성은, 진리를 있는 그대로 드러내기보다는 왜곡할 가능성이 더 크다.

그래서 플로티누스는 구도(求道)의 길로서 신인합일을 추구하였던 것이고, 내면으로 침잠해 들어가 자기 자신을 정화하는 명상을 통하여 물질화된 육체와 대상화된 에고의 결박으로부터 풀려났던 것이다. 외부로 향하는 욕심이 한 점도 없이 사라지고 '인식주체'와 '인식대상'의 구분도 없어져 '나'와 '너'도 없는 무아가 되어, 지고의 존재인 일자의 빛 속으로 녹아 들어간 것이다. 그 순간에 그에게 펼쳐진 궁극의 진리나 지혜의 세계를 언어로 표현한 결과물이 신플라톤주의의 사상체계인 셈이다.

플로티누스 이후에도 위대한 사상가들은 대부분 신비체험의 대가였다. 그중에는 데카르트(Descartes, 1596~1650)도 포함된다. 데카르트 하면 대개는 "나는 생각한다. 그러므로 존재한다"는 그 유명한 명제와 함께 근대철학의 아버지로 기억할 것이다. 그러나 근대물리학과 근대천문학의 발전에 심대한 영향을 미친 뛰어난 수학자로 그를 기억하는 사람은 별로 없다. 데카르트는 기하학적 도형에 수적인 상관관계를 적용하는 방식으로 대수와 기하를 결합시켜서 해석기하학을 창안한 대수학자이다. 즉 평면상의 점의 위치를 X와 Y라는 두 직선으로부터 떨어진 거리에 입각하여 파악하는 좌표기하학을 발명한 사람이 데카르트였던 것이다.

그런 데카르트가 신비체험가였다는 사실을 아는 사람은 거의 없을 것이다. 도시의 소란함보다는 전원의 한적함을 좋아하였던 데카르트는 파리를 떠나 교외지역에 은거하면서 기하학에 전념하였다. 그러나 그곳에서도 지인들의 잦은 방문으로 고요한 시간을 즐기기가 힘들어지자 네덜란드로 갔다. 유럽에서 유일하게 중앙집권적 국가통제와 사상통제가 없는 네덜란드는 예나 지금이나 자유로우면서도 안정된 나라이다. 데카르트는 20년이라는 장기간을 네덜란드에 머물면서 학문에 집중하였다.

데카르트는 말쑥한 차림의 독신남으로 평생을 살았으나 정력적이고 근면한 사람은 아니었다. 소심하고 병약하였던 탓도 있었겠지만, 정오가 되어서야 잠자리에서 일어날 정도였고 정독한 책이 거의 없을 정도로 공부에도 게을렀다. 그 대신 장시간 명상에 몰입하였다. 온종일 추운 눈 속에서 명상에 잠겼던 소크라테스와는 대조적으로, 따뜻한 난롯가에 붙어 앉아 하루종일 명상하기를 즐겼던 것이다.[37]

침식을 잊을 정도로 연구에 몰두하지 않고도 어떻게 그는 저렇게 위대한 철학적, 수학적 업적을 이루어 낼 수 있었을까? 그것은 아마도 명상의 힘이었던 것 같다. 에고의 침전물이 모두 사라진 적정상태에서 내면의 신성으로부터 나오는 지혜의 빛이었던 것이다. 그 증거는 그의 저작으로, 정신작용이 일어나는 중심장소이면서 영혼의 거주지인 송과선의 존재를 밝혀낸 『정념론』이다. 송과선은 한국의 선도전통에서 상단전으로 일컫고 있는 자리로, 순수한 하늘정신이 거하고 있는 곳이다.

또 다른 증거는 데카르트의 가장 유명한 대표작으로 연역법을 제창한 『방법서설』과 『성찰』이다. 수학적 논증의 명확성과 분석적 정확성으로부터 연역되지 않은 것은 진리로 인정될 수 없다는 방법론적 회의를 통하여, 모든 것을 하나하나 의심해 들어간다. 기존의 모든 지식과 관념, 지각과 감각, 자신의 육체 자체까지 의심하는 것이다. 그러노라면 더 이상의 의심이 불가능한 생각하는 존재로서의 자기 자신에 이른다. 이것이 바로 "나는 생각한다, 그러므로 존재한다"(Cogito, ergo sum)이다. 앎과 진리의 궁극적 근원으로서 자기의 순수의식은, 더 이상 의심할 수 없는 실재라는 것을 깨달은 것이다.

그러나 데카르트는 무아의 순수의식을 인식주체로 축소시킨 오류를 범하게 되었다. 즉 주객으로 분리할 수도 대상화할 수도 없는 '참나'를 둘로 나누어 생각하는 주체로서 대상화하고 절대화하는 실수를 범한 것이다. 이는 원효의 일심사상에 따르면, 제8식인 아리아식으로 전락한 것이다. 게다가 방법론적 회의와 성찰이 불충분하여, 그 자신이 가지고 있었던 자연과학의 이상(理想)이자 그 당시의 지배적인 과학이념이기도 하였던 편견으로부터 벗어나지 못하였다.[38] 그리하여 순수의식의 선험성과 초월성을 충분히 인지하지 못하고, 기하학의 수학적이고 논리적인 공리와 법칙에 의거하여 성급하게 연역적 지식체계를 수립한 결과, 근대과학의 발전에 크게 기여한 동시에 환경주의자들로부터 독아론적 주관주의와 기계론적 과학주의를 주창한 중심인물이라는 오해와 비판을 받고 있는 것이다.

17세기의 과학혁명을 주도한 가장 위대한 과학자 뉴턴 (Newton, 1642~1727)에게서도 신비주의자의 면모가 발견된다. 교육이라고는 받은 적이 없는 하층계급의 부모 슬하에서 태어났기 때문에 뉴턴은 어떠한 지적인 자극이나 이해도 받지 못하고 자랐다. 경제적으로도 늘 어려운 처지였기 때문에, 그에게는 돈에 연연하는 불안감과 인색함도 인성의 하나로 자리잡고 있었다. 보상심리에서 기인하는 오만함과 권위주의 성향도 있었다. 일상생활에서의 신중함, 철저함, 절제성과는 대조적으로, 만취상태에서는 인습과 관습을 파괴하는 자유분방함을 보이는 양면성을 지닌 인물이기도 하였다. 젊은 시절을 케임브리지에서 창조활동에 몰두한 뉴턴은 그 결과로 27세에 수학교수직에 임명된 과학자이자 동시에 신학자였다. 1696년 런던으로 이사한 다음에는 조폐공장 사장의 지위에 올랐고, 1705에는 작위까지 받았으며, 왕립학회의 회장직도 독점할 정도로 부와 지위와 명예를 획득하였다.

뉴턴의 과학업적은 일일이 열거하기 어려울 정도로 많다. 코페르니쿠스, 케플러, 베이컨, 갈릴레이, 그리고 데카르트의 과학법칙과 연구방법을 집대성하고 완성한 뉴턴의 업적으로는 첫째, 고체의 운동을 기술할 수 있는 수식으로서 미적분법을 고안한 것이다. 이는 라이프니쯔도 동시에 개발하였던 것이기 때문에 두 과학자가 선취권을 놓고 벌였던 경쟁은 과학사에 유명한 사건으로 기록되고 있다. 둘째, 누구나 다 알고 있는 중력법칙, 즉 만유인력의 법칙을 발견한 것이다. 셋째, 물체의 운동을 설명할 수 있는 3대법칙, 즉 관성의 법칙, 가속도의 법칙, 작용과 반작용의 법칙을 정립한 것이다. 넷째, 베이컨에 의하여 대표되는 경험적 연구방법인 귀납법과 데카르트로 대표되는 논리와 추론의 연구방법인 연역법을 통합하여 근대과학의 방법론적 기초를 확립한 것이다. 체계적이고 논리적인 해석이 결여된 실험이나 관찰은 경험적인 증거가 없는 원리로부터의 추론과 마찬가지로 무의미하고 신뢰할 수 없는 것이라고 그는 믿었기 때문이었다.

이러한 과학적 성과를 이뤄낸 뉴턴이 신비주의자였다고 말하면 대부분의 사람들은 의아해 하거나 반신반의할 것이다. 이는 과학과 신비는 상반된다는 고정관념에 묶여 있기 때문인데, 사실 과학과 신비는 반대되는 개념이 아니다. 사물이나 존재의 이치가 밝혀지면 과학, 아직 밝혀지지 않은 상태로 남아 있으면 신비로 여기는 것에 불과하기 때문이고, 알려지지 않은 이치를 밝혀내는 가장 강력한 수단의 하나가 신비체험이기 때문이다. 그래서 노벨평화상을 받은 반전반핵 운동가로 수학자였으며 논리실증주의의 대가였던 버트란드 러셀조차도, 헤라클레이토스와 플라톤과 같이 신비주의와 과학을 조화시킬 수 있었던 사람들로부터 가장 위대한 발견자와 사상가가 나왔다고 말하였던 것이다.[39]

뉴턴도 평생을 걸쳐 과학과 신비주의의 결합을 시도한 위대한 과학자에 속한다. 자연과학의 연구에 필적할 정도로 신비과학의 연구에도 똑같이 전력하였다. 케임브리지의 트리티니 대학에서 그의 대표작 『원리』를 저술하였던 기간에도 동시에 연금술에 관한 자료를 정리하고 기록하는 작업을 하였다. 연금술에 대한 뉴턴의 깊은 관심은 그 혼자에 그치지 않고 근대화학의 아버지로 알려진 보일(Boyle, 1627~1691)과 자유주의 철학자 로크(Locke, 1632~1704)와 공유하며 연금술의 상징과 비의를 체계화, 과학화하려는 노력을 경주하였다.[40]

연금술은 단순히 돌이나 쇠를 금으로 바꾸는 마술과 같은 것이 아니다. 뉴턴에게는 사물의 본질과 구조에 대한 통찰에 이르는 길이었고, 진정한 연금술사에게는 궁극의 진리에 이르는 길이었다. 뜨거운 불 속에서 쇠붙이의 불순물을 제거하여 순수원소를 뽑아내는 정제과정은, 동시에 에고도 함께 녹아내려 없어지고 무아의 순수의식만이 남는 정화과정이기도 하다. 그리하여 사물이 있는 그대로 여실히 드러나는 순수의식 속에서 천지만물과 소통하고 교감하며, 궁극적으로는 하나가 되는 길이다.

연구대상과 온전히 하나되는 신비체험의 방법으로 뛰어난 연구업적을 이룩한 과학자가 있다. 1983년 단독으로 노벨 생리의학상을 받은 세포유전학자 바바라 맥클린톡(Barbara McClintock, 1902~1992)으로, 당시 남성이 완전히 지배하고 있었던 과학계로 들어간 드문 여성 중의 한 사람이다. 상당히 이른 나이인 25살에 코넬대학에서 식물유전학으로 박사학위를 받은 맥클린톡은, 신생분야인 세포학과 유전학의 개척자로서 30대에 생명의 비밀을 알아낼 수 있는 옥수수의 유전정보에 관한 연구업적을 세워 1944년에는 42세의 나이로 미국국립과학원의 정회원으로 발탁되는 영광을 누리기도 했다.

그러나 40대 후반에 맥클린톡의 연구방향은 당시의 지배적인 패러다임으로부터 180° 선회하게 된다. 물질을 고정불변의 기본단위인 원자로 환원한 고전물리학과 마찬가지로, 20세기 전반까지의 생물학은 생명체를 고정불변의 기본단위로 상정한 세포나 유전자로 환원시켜 이해하려는 노력을 경주하였고 1940년에 이르러서는 분자로 환원하여 연구하기 시작하였다. 신생과학의 하나인 생화학의 발전에 힘입어 생명체를 화학작용을 일으키는 기계로 간주하여, 유전인자의 화학작용과 단백질 합성의 분자구조를 연구했던 결과는 1954년 왓슨(Watson)과 크릭(Crick)에 의한 DNA의 이중나선구조의 발견으로 나타났다.

하지만 맥클린톡의 입장은 달랐다. 동일한 유전자로터 발생하는 유전형질의 다양성에 주목한 맥클린톡으로서는, 사슬처럼 엮여 있는 DNA는 고정불변의 구조로서 독자적으로 생명체의 유전형질을 조정하고 결정한다는 중앙통제론(central dogma)을 받아들이기 힘들었다. 한 개체의 DNA는 동일하지만, 그 지체와 기관은 형태와 기능에서 엄청난 다양성과 차이를 보이는 현상을 설명할 수 없기 때문이었다. 또한 상황에 따라 DNA의 구조 자체가 변하는 돌연변이 현상도 해명할 수 없었다. 그래서 맥클린톡은 환경과 상호작용하는 생명유기체와 사랑으로 하나되는 독특한 방식을 취한 것이다.

내가 그 일에 빠져들수록 점점 더 염색체가 커지더라는 사실이에요. 그리고 정말로 거기에 몰두했을 때, 나는 염색체 바깥에 있지 않았어요. 그 안에 있었어요. 그들의 시스템 속에서 그들과 함께 움직였지요. 내가 그 속에 들어가 있으니 모든 게 다 크게 보일 수밖에 없죠. 염색체 속이 어떻게 생겼는지도 훤히 보였어요. 정말로 모든 게 거기 있었어요. 나 자신도 무척이나 놀랐지요.(중략) 지극한 마음으로 바라보고 있노라면 그들이 나의 일부가 되지요. 그러면 나 자신은 잊어버려요. 그래요. 그게 중요해요. 나 자신을 완전히 잊어버리는 거 말이에요. 거기에는 더 이상 내가 없어요.41)

몰아 상태에서만 예술가들이 완벽함을 요구하는 작품세계를 열어 보일 수 있는 것과 같이, 맥클린톡 또한 완전한 자유와 평화의 무아상태로 들어감으로써 생명의 비밀에 접근할 수 있었던 것이다. 고정된 형태의 분자구조가 아니라 살아 있는 역동적인 생명체와 하나됨의 연구과정에서 맥클린톡이 습득한 식물과의 놀라운 교감력은 감동적이기까지 하다.

식물들은 늘 한 자리에 머물러 있어요. 그러니까 식물이 사실상 얼마나 영민한 활동을 벌이는지 상상하지 못하는 거

죠. 식물의 활동은 대단히 놀라워요. 사람들은 별 생각 없이
식물의 이파리를 따곤 하지요. 하지만 식물은 대단히 민감
해서(중략) 그냥 건드리기만 해도 전기로 신호를 보냅니다.
어떠한 자극에도 식물은 민감한 반응을 하고 있어요. 자기
를 둘러싼 환경과 끊임없이 소통을 해요. 식물은 우리가 하
는 모든 일을 똑같이 하고 있어요.[42]

생명체는 기계가 아니다. 또한 수동적인 실험대상도 아니
다. 주위환경과는 물론이고 연구자와도 능동적으로 상호작용
하는 살아있는 유기체이다. 그러한 생명체와의 사랑으로 하나
되는 전일적인 접근법(holistic approach)을 통하여 맥클린톡이
이룩한 위대한 발견은 유전자가 자리바꿈하는 전이(transposi-
tions)현상, 즉 유전인자는 염색체의 특정 위치에 고정되어 있
지 않다는 것이었다. 전이현상은 유전인자가 본래 자리에서
떨어져 나와 소실되기도 하고, 다른 위치로 옮겨가기도 하며,
본래 자리로 다시 끼어들기도 하면서 이리저리 옮겨 다니는
현상이다. 세포가 처한 내외부의 환경변화에 따라 DNA의 구
조 자체가 수없이 재배열되기도 하는 현상이다. 다시 말해 유
전적인 변이를 일으키는 자체 조절방식으로 환경과의 역동적
인 평형상태를 유지하는 것인데, 이는 중앙통제론이 가정한
DNA의 도식적이고 기계적인 법칙으로 설명하기에는 생명체
가 너무나 복잡다기하다는 것을 단적으로 증명해낸 쾌거이다.

해방과 구원의 의미

해방운동 토대로서의 신비주의

동서고금을 막론하고 신비주의의 핵심은 인간의 신과의 하나됨이다. 사회와 자아가 만든 온갖 종류의 불균등한 권력관계를 근저로부터 없애 버리고, 주관과 객관으로 분열된 자기 자신과 화해하여 하나가 되는 것이다. 이웃과 화해하여 하나되고, 자연과 화해하여 하나되는 것이다. 나아가 세계와 우주의 모든 생명과 하나되는 절대평등과 무조건적인 사랑을 체현하는 것이다.

광물은 식물과 다르고, 동물은 식물과 다르며, 인간은 다른 동물과 다르고, 나는 남과 다르며, 우리는 그들과 다르고, 내

나라는 남의 나라와 다르고, 자기 종교는 타종교와 다르다고 생각하여 구분하고 분리하고, 열등하다고 분별하여 무시하고 차별하고, 나쁘다고 판단하여 억압하고 제거하는 데서 시작된 인류의 불행은 지금도 계속되고 있다. 아니, 과학기술의 발전과 더불어 인류의 불행은 더욱 깊어지고 있다. 동물학대와 환경파괴는 갈수록 심해지고, 개인들 간의 경쟁은 친구관계를 허용하지 않을 정도로 치열해지고 있으며, 집단 간의 갈등과 분쟁도 첨예해지고 있다. 민족과 국가 간, 종교와 문명 간의 패권주의 대립과 반목으로 세계는 분열을 거듭하고 있다.

이러한 인류의 불행을 종식시키려는 노력이 없었던 것은 아니다. 하지만 사회주의 사회건설도 실패로 끝났고, 사회민주주의 복지국가는 쇠퇴하였고, 비정부기구들은 권력에 포섭되어 사회변혁의 힘을 상실해 가고 있다. 대안이 없어 보이는 마당에 유일하게 남아 있는 희망은, 동양과 서양을 막론하고 고대에서 현대에 이르기까지 면면히 이어져 내려오고 있는 신비주의의 전통과 지혜이다. 자아의 분별지와 차별행에서 벗어남이 없이는 어떤 해방운동도 실효를 거둘 수 없다. 또 다른 분리와 차별, 대립과 투쟁, 억압과 착취만 낳기 때문이다. 모든 존재는 생명을 지닌 아트만이고 부처이며, 그리스도성이고 신성이며, 하늘이고 하느님이라는 인식과 태도의 대전환 없이는, 인류의 해방과 구원은 요원하다.

과학자이면서 동시에 신비가였던 프랑스 예수회 신부 떼이야르 드 샤르댕(Teihard de Chardin, 1881~1955)은, 사회주의 실험이 한창 진행되던 시기에 자본주의의 대안으로 서구의 기독교 신비주의 전통에 기초한 전지구민의 평화공동체 형성에 전력하였다.[43] 급진주의 사회운동가이자 정치활동가로 활약하였던 인도의 아우로빈도(Aurobindo, 1872~1950)에게는, 동양의 힌두 신비주의 지혜가 정복과 지배의 투쟁사에서 배려와 섬김의 새로운 인류역사로의 변혁을 위한 유일한 토대였다.[44] 같은 신념과 열정을 지니고 같은 시대를 살았으나 서로 만난 적은 없었던 샤르댕과 아우로빈도의 자민족중심주의와 자문화중심주의조차 초월할 수 있는 유일한 토대 역시 신비주의이다.

이념대립과 이념통제

일부의 나체촌이나 오지의 무문자사회를 제외하고는 인간은 옷을 입고 산다. 추위와 더위와 같은 열악한 자연환경으로부터 몸을 보호하기 위해서 옷을 입어온 것이겠지만, 인간은 있는 그대로 보여주기를 두려워하고 알몸의 상태를 부끄러워하기 때문에 자신을 감추기 위한 이유도 있었을 것이다. 여기서 '왜 부끄러워하고 언제부터 부끄러워하게 되었느냐'는 의문이 생긴다. 어쩌면 관념의 옷, 이념의 옷을 입기 시작하면서가 아니었을까?

그렇다. 아주 어렸을 때에 우리는 누구나 벌거벗고 놀기를 좋아하고 즐겼지만, 그래도 아무런 수치심이 없었다. 선악의 관념이나 옳고 그름의 이념에 물들지 않았기 때문이다. 너와

나의 관념도 없었고, 벌레나 곤충이 징그럽고 무섭다는 관념
도 없었다. 그래서 하나가 되어 놀았고 마냥 행복하기만 하였
던 에덴동산은 누구에게나 추억으로 남아있다. 우리의 어린
시절인 에덴동산의 천국으로부터 쫓겨난 것은, 부모와 사회가
가지고 있는 관념과 이념이 우리에게 들어오면서부터이다. 관
념과 이념의 옷을 걸치자마자 우리는 알몸에 대한 수치심과
함께 옷을 입기 시작한 것이다.

성인으로 자라면서 우리 인간이 걸치게 된 관념과 이념의
옷은 헤아릴 수 없이 많다. 진정한 나의 생각은 무엇인지 알
수 없을 정도로, 나의 진정한 모습이 무엇인지 알 수 없을 정
도로 우리는 무수히 많은 관념과 이념의 옷을 겹겹이 껴입고
있다. 약간의 노출에도 질겁하고, 광분하고, 더욱 깊숙이 이념
과 관념의 옷 속으로 움츠러든다. 이념과 관념의 옷은 너무 두
껍고, 단단하고, 음습하다. 동굴만큼이나 깊어서 햇빛이 전혀
투과할 수 없다.

우리가 몸에 옷을 걸치는 데에는 또 다른 이유가 있다. 자
신을 보다 아름답게 꾸미기 위한 이유도 있고, 남과는 다른 존
재로 돋보이게 하기 위한 이유도 있다. 하여 자기와 똑같은 옷
을 입은 사람을 만나면 뭐라고 표현하기 어려운 묘한 거북함
을 경험하게 된다. 이 세상에서 같은 사람은 하나도 없다. 생
김새가 찬차만별인 것처럼, 우리 모두는 이 세상에서 유일무
이한 존재이다. 그래서 자기만의 개성이 살아 있는 옷을 입으
려는 경향이 아주 강하다. 게다가 자기가 가진 신분과 지위,

재력과 권력, 학력과 능력을 옷으로 과시하려는 욕망도 크다.

인간의 치장욕구는 자기의 독특성과 우월성을 고유한 의상으로 연출하는 데에 그치지 않는다. 고귀하고 가치 있다고 판단한, 진리이고 정의롭다고 판단한, 선하고 아름답다고 판단한 무수히 많은 관념과 이념의 옷으로 자기를 포장한다. 자기의 존재가치를 이념에서 찾고, 이념으로 표현하고, 이념으로 드높이고자 열심이다. 다른 모든 욕구를 능가할 정도로 화려한 이념으로 장식하려는 욕구는 아주 강렬하다.

자기의 존재를 드러내려는 점에서는 육체의 옷과 이념의 옷이 동일하다. 그러나 차이도 발견된다. 육체의 옷에서는 고유한 개성을 추구하면서, 이념의 옷에서는 균일성을 요구한다. 나의 관념과 이념이 남의 것과 같기를 바란다. 나의 것과 다른 관념과 이념을 용납하지 않는다. 관념과 이념이 비슷한 사람들 간에는 인력이, 상이한 사람들 간에는 척력이 작용한다. 이러한 경향을 사회심리학에서는 일반보상론으로 설명하고 있다. 즉 유사한 관념과 이념을 가지고 있는 사람은 우리에게 나의 의견과 신념이 옳고 타당하다는 확신의 보상을 제공하기 때문이라는 것이다. 반대로 나와는 다른 관념과 이념을 지니고 있는 사람은 나의 생각과 믿음이 잘못되었다는 처벌의 느낌을 주기 때문에, 인간은 자신의 견해에 동의하지 않는 사람을 멀리할 뿐만 아니라 비도덕적이고 어리석으며 형편없는 인품의 소유자로 확대해석까지 하는 것이라고 설명한다.

어느 정도는 수긍이 가는 설명이다. 그러나 이해가 가지 않는 부분은 여전히 남아 있다. 이념이 서로 다를 때 다소의 긴장과 혼란이 일어나는 것까지는 이해할 수 있다. 서로의 발전을 위해서는 어느 정도의 긴장과 갈등이 요구되기도 한다. 그러나 생산적이고 창조적인 이념갈등의 차원을 넘어 서로가 서로를 배척하고 제압하고 제거하는 이념대립과 이념통제는 명백히 자연의 법칙에도 어긋나는 것이다. 서로 같을 때에는 척력이, 서로 다를 때에는 인력이 작용하고 있기 때문이다.

자본주의 대 사회주의, 자유지향의 서구중심 민주주의 대 평등지향의 동구중심 민주주의로 나뉘어 서로가 서로를 배척하고 압살하려는 이념통제로부터 한국은 아직도 자유롭지 못하다. 동서의 적대관계가 20세기 말에 해소되었음에도 불구하고, 한반도에서는 자본주의의 자유민주주의와 사회주의의 평등민주주의가 상대방을 부정하고 제거하려는 이념통제가 여전히 존재하고 있는 실정이다. 그러면 한국을 제외한 세계는 이념통제로부터 자유로운가? 그렇다고 답하기 어려울 것이다. 9·11사태 이래로 세계는 기독교문명권, 이슬람문화권, 그리고 중국중심권으로 삼분되어 전쟁을 불사할 정도로 이념통제의 소용돌이 속에 있기 때문이다.

도대체 이념이 뭐길래 조금만 달라도 참지 못하는 것일까? 이념이 다르다는 이유만으로 어떻게 서로가 서로를 무자비하고 잔인하게 압살할 수 있을까? 우리가 가지고 있는 이념은 외부로부터 주어진 것이지 우리 자신의 생각이 아니다. 진리 그 자체이거나 정의 그 자체인 것은 더욱 아니다. 그런데도 관넘과 이념에 목숨을 거는 이유는 무엇일까? 그것은 이해관계와 결부되어 있기 때문이다. 내가 특정의 이념에 헌신하는 것은 그것이 내게 구체적으로 이득이 되기 때문이고, 기득권의 유지에 절대적이기 때문이며, 지배권의 쟁취에도 불가결한 것이고 현상유지나 현상타파를 위한 수단이기 때문이다.

신비주의의 지혜에서는 이념으로 위장된 에고의 욕망이 있는 그대로 드러난다. 더 이상 자기 스스로를 속일 수 없도록 이념분쟁은 이권투쟁에 다름 아니고 권력투쟁에 다름 아니라는 것을 확연히 밝혀낸다. 나의 이념만이 옳고 너의 이념은 틀렸다는 에고의 독단주의와 독점주의는 상대방의 정신만 파괴하는 것이 아니다. 수많은 생명을 죽이는 것이고, 결국에는 자기 자신마저 캄캄한 감옥에 가두어 죽이기도 한다. 각자가 내세우는 이념이 무엇이든 간에, 이권욕과 권력욕의 발로였음을 스스로 성찰하고 경계할 수 있는 유일한 토대가 신비주의이다. 사회주의의 평등이념이든 자본주의의 자유이념이든, 제국주의이든 민족주의이든, 보수주의이든 진보주의이든, 그것은 모두 권력유지와 권력쟁취를 위한 명분에 지나지 않는다는 것을 갈파하고 하나하나씩 벗어버릴 수 있는 것도 신비주의의 지혜에 의해서만 가능하다.

피로 점철된 불행한 사상통제의 역사로부터 벗어날 수 있는 근본적인 해결책은 각자의 내면 고요한 곳에 있는 신성으로 돌아가는 길밖에 없다. 국가주의 이념조작과 민족주의나 인종주의 이념통제의 질곡으로부터 빠져나오는 길도 세계와 하나되는 신비체험이다. 세계의 모든 종교가 무조건적인 사랑과 일치를 설파하면서도 타종교에 대해서는 서로 반목과 비방, 이단과 악마화, 박해와 탄압으로 일관해온 종교전쟁을 종식시키는 유일한 길도 신과 하나됨의 신비체험이다. 생산영역에서는 노동의 비정규직화와 실업화로 직업안전성을 크게 위축시키는 동시에 소비영역에서는 자기표현의 미학과 자기실현의 도덕까지도 상품화하는 세계화의 신자유주의 이념지배에서 탈피할 수 있는 방법도, 뭇 생명과 동체를 이루는 신비체험이다. 물론 사회과학과 역사학의 연구성과에 입각하여 이념통제의 문제를 풀어갈 수도 있을 것이다. 허나 해결에 다소 도움은 되겠지만 커다란 진전을 기대하기는 어려울 것이다. 진보와 보수를 막론하고, 학문연구 역시 권력유지와 권력장악의 이데올로기로부터 크게 벗어나지 못하기 때문이다.

우리의 에고가 완전히 사라진 적정상태에서 참나의 존재를 체험하는 돈오의 순간에는 어떤 관념도 이념도 존재하지 않는다. 에고를 형성하고 있었던 관념과 이념의 화려한 장식과 옷들은, 일시에 저절로 떨어져 나가 버리기 때문이다. 신과 합일상태의 순수의식에게 세계의 실상이 있는 그대로 여실히 드러나는 앎에는, 나와 너의 구분 없이 만물이 하나로 소통하고 있어서 언어도 개념도 필요 없다. 이념의 거추장스런 옷이 자리할 여지는 더더구나 없는 것이다.

신비체험의 상태에서는 순수의식만이 작용하기 때문에, 아무런 노력 없이도 이념으로부터 완전히 자유로울 수 있다. 그러나 자기가 직접 겪은 것이라 하더라도, 그 신비체험의 해석 과정에서는 에고의 분별의식이 주로 작동한다. 에고의 일부가 되어버린 언어로 표현되고, 자기가 처한 사회상황과 이해득실이 투영된 관념과 이념의 옷으로 재해석되기도 쉽다. 그래서 진정한 신비체험가들은 있는 그대로의 실재를 자기중심으로 부정하고 왜곡하는 이념의 옷, 무수한 생명을 죽임으로 몰고 가는 이념의 옷을 하나하나 벗겨내어 온전히 알몸이 되는 점수의 정화작업에 전력한다.

모든 것을 순식간에 텅빈 허공으로 바꾸는 신비체험으로 몰입하는 회수가 많아질수록, 인류가 지금까지 걸어온 이념통제의 잔혹사로부터 벗어날 가능성은 저절로 커진다. 그리고 점수의 지혜가 커질수록, 이념의 옷이 하나하나 떨어져 나가면서 전 인류와 우주만물이 하나로 회통할 가능성도 점차 커질 것이다. 이념의 허구성과 파괴성에 대한 통찰이 깊어질 것이고, 경직된 이념의 노예로 살아온 지난날의 잘못을 되풀이하지 않을 것이다. 이념으로 위장하여 저지른 자기의 잘못을 사실대로 고백하고 공개할 수 있는 용기도, 지배욕과 소유욕에서 스스로도 속아 넘어갈 정도로 교묘하게 이념을 이용하고 있는 에고의 작용을 간파할 수 있는 정직성도, 그리고 이념의 다양성과 부분성을 인정하고 존중할 수 있는 지혜도 모두 신비체험으로부터 오기 때문이다.

가부장제 성억압

신과 하나됨의 신비주의는 모든 형태의 불균등한 권력구조를 근원적으로 해소한다. 모두가 하느님으로 당당히 서기를 열망하는 신비주의의 구원과 해방의 의미는, 이념통제로부터 벗어남에 그치지 않고 가부장제의 성억압과 성차별로부터의 해방도 추구한다. 존재 그 자체와 하나됨에 걸림돌로 작용하는 가장 강력한 장애요인의 하나는 가부장제 성억압이고, 다른 존재와 하나됨의 신비를 몸으로 가장 확실하게 체험할 수 있는 요인은 남녀의 성결합이기 때문이다. 탄트리즘의 지혜에서와 같이, 육체와 성욕은 부끄럽거나 혐오스런 것도 아니고, 추잡하거나 죄스러운 것은 더욱 아니다. 오히려 그것은 생명의 근원이고 창조의 원천이다. 다른 존재와 하나됨의 가장 황홀한 체험을 통하여 자기성장과 자기완성으로 이끄는 성스러운 에너지이다.

그런데도 가부장제 성문화는 너무나 오랫동안 육체와 성욕을 더러운 것으로 규정하고 부정해왔고, 수치스러운 것으로 치부하고 억압해왔다. 에고와 육체의 욕망은 특이한 속성을 지니고 있어서, 부정할수록 강렬해지고 억압할수록 파괴력으로 폭발한다. 그래서 성통제와 성억압이 심할수록, 성욕은 음성화되어 극성을 부리게 된다. 억압된 점잖음과 근엄성의 위선 뒤에서 음담패설의 성담론은 더욱 무성해지고, 성행위는 더욱 문란해진다. 수치와 죄악으로, 폭력과 죽임으로 변질되어 간다. 성의 상품화가 생활세계에 범람하고, 매매춘이 성행하며, 성추행과 성희롱이 난무하고, 강간과 살인의 성범죄가 증가한다.

가부장제 성억압은 또한 차별적이다. 사회가 남녀에게 가하는 성억압의 성격과 강도는 다르다. 여성에게는 성욕 자체를 부정할 정도로 억압하는 반면, 남성에게는 성일탈을 당연시할 정도로 상당한 자유가 허용된다. 가부장제의 결혼제도가 두 인격의 완전한 하나됨이 아닌, 여성에 대한 남성의 우위와 지배에 기반하고 있기 때문이다. 이러한 가부장제 결혼제도에서 여성들은 남성들의 욕구충족을 위한 대상에 지나지 않는다. 남성들은 자신들의 필요에 따라 여성을 현모양처와 매춘녀 집단으로 분리하고 서로 대적하게 만든다. 여자를 남자의 소유물로, 가사노동과 성쾌락의 제공자로 여기는 가부장제 성억압 구조에서는 남성의 권위와 군림도 허세일 뿐이어서, 남성은 돈버는 기계와 성쾌락의 노예에 지나지 않는다.

삼라만상과 궁극적으로 하나됨의 충만상태에서 떨어져 나온 순간, 세계를 움직이는 작동원리가 우주의 생명원리에서 불균등한 권력의 지배논리로 변한 것이다. 남녀의 성결합도 지배와 예속의 관계로 변질되었다. 모든 존재에 깃들어 있는 생명력이고 창조력인 성에너지는 억압되어 더럽혀졌으며, 두려움과 어둠의 자식이 되어 죽임으로 치닫고 있다. 대부분의 무기가 남성의 성기를 닮은 것이 그 증거인 셈이다.

성욕과 관련된 억압과 강탈, 수치와 분노, 절망과 좌절의 상처가 치유되지 않고 남아있는 한, 자아의 초월은 불가능하다. 있는 그대로 상대방을 하느님으로 받아들이고, 자기 자신도 있는 그대로 상대방에게 하느님으로 받아들여지는 완벽한 결합의 체험을 통해서만 진정한 신비체험에 이를 수 있다. 일순간의 돈오체험으로부터 초월의 환상이나 관념은 가질 수 있겠지만, 존재 그 자체와 온전히 하나됨에 이를 수는 없다.

가부장제의 성억압과 성차별의 고정관념과 사고틀, 가치체계과 상징체계, 관행과 관습, 태도와 행동으로부터 완전히 벗어나서 있는 그대로의 자기 육체를 지극히 사랑하고 보듬고, 위로하고 화해하여 자기 자신과 온전하게 하나되는 작업이 선행되어야 한다. 지금까지 억압당하고 질식당해온 자신의 육체와 성욕망과의 화해가 이루어지고, 깊은 상처로 남았던 사랑과 사람과의 화해가 이루어져야 치욕이 영광으로, 고통이 환희로 바뀌면서 온 우주와 몸으로 하나되는 통로가 열린다.

다른 존재와의 하나됨은 내가 사라졌을 때에만 가능하다. '나'라는 존재를 고집하거나 주장하는 한 우리는 결코 하나됨을 체험할 수 없다. 자신에 대해 전전긍긍하는 자기불안이나 염려에 사로잡혀 있어도, 우리는 결코 하나됨에 이를 수 없다. '나'와 '너'를 있는 그대로 온전히 받아들일 때에만 주객을 초월한 하나됨의 황홀경을 체험할 수 있다. 그래서 '신비'라는 뜻의 그리스어에는 '눈과 귀와 입을 닫는다'는 의미가 들어 있는 것이다. 우리의 눈과 귀와 입은 끊임없이 '나'와 '너'를 나누고 구분하고, 평가하고 판단하며, 한정하고 규정하고, 대상화하고 사물화한다. 이러한 작용이 온전히 멈출 때에, 비로소 서로가 하나로 화합할 수 있는 지복의 문이 열리는 것이다. 종류나 형태가 무엇이든 간에 황홀경과 열락의 신비체험은 자기초월의 순간 존재 그 자체와의 하나됨으로부터 오는 것이지, 결코 지배나 억압, 소유나 쟁취, 속임과 숨김으로부터 얻어지는 것이 아니다.

인체에서 개체를 생성해낼 수 있는 유일한 세포는 난자이다. 그 난자의 생김새가 영성과 똑같은 것도 우연은 아니다. 난자와 영성은 둘 다 찬란히 빛나는 원형으로 되어 있는데, 이는 여러 면에서 태양과 완벽하게 닮았다. 생명의 에너지이고 창조의 에너지인 점에서도 같고, 몰아의 사랑으로 무한히 다양한 뭇 존재와 하나됨에서도 같으며, 영원한 행복감과 해방감의 원천인 점에서도 같다. 결국 영성(spirituality)과 성성(sexuality)은 하나인 셈이다. 끝없이 성장하는 자기확대와 자기완성의 성스럽고도 신비스런 우주의 정기인 것이다.

계급지배와 계급차별

신비체험의 대가들에게서와 같이, 신비주의는 모든 종류의 불균등한 권력관계를 근저로부터 해체함으로써 세계변혁의 원천으로 작용해왔다. 우월주의와 차별주의, 팽창주의와 패권주의를 초극할 수 있는 유일한 동력으로서 신비주의는, 계급지배와 계급차별의 모순구조를 근원적으로 해소할 수 있는 물질적 토대이고 정신적 기반이다. 물론 신비주의라고 해서 계급이해로부터 완전히 자유로운 것은 아니다. 특정계급의 이해를 관철하기 위한 수단으로 이용될 소지가 있기 때문이다. 우주의 뭇 생명과 온전히 하나되는 진정한 신비주의는 탐욕으로 혼탁한 세계를 정화시키는 자정력(自淨力)으로 작용한다. 하지만 특정집단의 계급이해와 부합하게 되면 계급지배의 이데올로기로 변형되어 현상유지나 현상타파의 강제력으로 작용할 수 있는 것이다.

어떤 계급과 결합하느냐에 따라, 신비주의는 무수히 다양한 얼굴과 모습으로 변형되어 나타나곤 한다. 먼저, 능력은 있으나 사회의 편견과 차별로 소외된 지식인계급을 들 수 있겠다. 서자라든가 빈민층이라는 이유로, 특정지역 태생이라는 이유로, 명문대 출신과 외국박사가 아니라는 이유 등으로 사회진출의 통로가 막혀 있는 지식인집단이 이에 해당한다. 사회의 차별로 또는 불합리한 경쟁제도에서의 실패로 소외된 지식인집단의 계급이해와 결합하면, 신비주의는 부정주의와 저항주의의 성격을 지니게 되거나 체제전복의 이데올로기로 발전하게 된다.

둘째로는 급변하는 정세에 적절히 대응하지 못하였거나 밑으로부터의 혁명으로 재산과 권력, 신분과 지위를 잃어버린 지배계급이다. 몰락한 지배계층의 계급이해와 결합하면 신비주의는 반동주의와 전통주의의 성격을 지니게 되어, 사후세계에서의 행복을 추구하거나 과거의 영광 속으로 도피해 들어가 전통에 탐닉하게 된다. 셋째로는 핍박당해온 피지배계급을 들

수 있다. 빼앗기고 짓밟히는 노예의 삶에서 벗어나고자 결속한 하층집단의 계급이해와 결합하면, 신비주의는 기존의 지배질서를 부정하고 미래의 보다 밝고 보다 나은 사회를 꿈꾸는 유토피아주의, 공상주의로 흐르는 경향이 있다.

넷째로는 강한 성취욕구와 출세욕구를 지닌 중산층계급이다. 자유주의 성공신화를 신봉하는 중산층의 계급이해와 결합한 신비주의는 상품화의 길을 걷게 된다. 질병치료나 건강증진, 집중력과 기억력의 향상, 창의력과 잠재력의 활성화, 자기발견과 자아성장 등에서 눈으로 확인되는 효과가 나타나기 때문에 신비주의는 중산층 고객들을 겨냥한 경쟁력의 강화상품이나 자아실현의 체험상품으로 팔려 나가게 된다.

계급이해와 결탁되어 있는 신비주의로는 신과 궁극적 하나됨에 도달할 수 없다. 자기의 계급이해를 관철하기 위한 수단으로 이용하는 것이기 때문에, 수많은 사람들을 불행으로 몰아넣는 불평등한 지배구조를 해체하는 데에는 아예 관심이 없기 때문이다. 따라서 기존의 불평등구조를 그대로 유지하거나 새로운 불평등구조를 구축하는 데에 일조하게 된다.

허나 진정한 신비주의는 다르다. 모든 사람은 누구나 예외없이 신성이고 하늘임을 몸으로 체득하기 때문에 계급지배와 계급차별로부터 완전히 자유로우므로 인간사회에 존재하는 모든 형태의 불평등구조를 없애는 일에 전력하게 된다. 세계곳곳에서 사회의 약자가 겪고 있는 고통과 아픔을 자기의 것으로 느끼기 때문이다.

대다수 사람들이 빈곤에 시달리고 기아에 허덕이는 것은 생산한 물질이 부족하기 때문이라기보다는 넘쳐나는 물질의 풍요 때문이다. 그 첫째가 넘쳐나는 자본이다. 생산에 재투입되고도 남아도는 거대자본이 금융권으로 흘러들어가 벌이는 투기행각으로 세계 여러 나라의 경제가 몸살을 앓고 있다. 둘째가 넘쳐흐르는 제품과 상품이다. 공장에서 대량으로 생산한 제품으로 시장이 포화상태이다. 집집마다 TV 수상기가 두서너 대나 되고, 온갖 가전제품이 갖추어져 있고, 사동차도 한두 대에 달할 정도로 필요한 모든 물품이 구비되어 있는 상태이다. 셋째는 넘쳐나는 쓰레기이다. 과잉생산과 과잉소비로 자연이 정화할 수 있는 용량을 훨씬 넘어선 쓰레기와 오폐수의 배출로 지구의 생존 자체가 위협을 받고 있다. 넷째는 넘쳐나는 노동력이다. 노동력이 넘쳐나는 이유는 두 가지이다. 하나는 시장의 변화이고, 다른 하나는 정보화이다. 저가의 대량상품에 대한 수요는 급감하는 반면에, 고부가 가치의 소량상품과 맞춤상품에 대한 수요는 상승하기 시작한 것이다. 시장의 수요변화는 대량생산체제인 규모의 경제에서 소량생산체제인 범위의 경제로의 구조조정을 강제하고 있다. 대기업 제조업체의 중소기업 하청업체로의 구조조정이 단행됨에 따라, 그리고 정신노동과 기예노동까지 컴퓨터가 대신하게 됨에 따라, 대기업 정규노동자는 대량해고되거나 비정규직으로 전락해가고 있다.

신자유주의의 이름하에 전 세계적으로 단행되고 있는 구조조정으로 노동시간은 오히려 늘어나고, 임금은 삭감되며, 생산직 작업환경은 열악해지는 방향으로 치닫고 있다. 또한 전 지구의 차원에서 20%의 고소득층을 제외한 80%의 세계 사람들이 빈곤 속으로 내몰리고 있다. 이태백, 사오정이라는 말이 폭넓게 회자될 정도로 80%에 해당하는 세계민이 실업과 생계 불안에 시달리고 있는 것이다. 이러한 노동양극화와 소득양극화의 계급문제를 임금투쟁의 수준에 머물러 있는 노동운동이 풀어낼 수 있을까?

그동안 사회주의, 사회민주주의, 노동조합주의의 이념에 따라 노동자계급이 결속하여 자본가계급으로부터 고임금의 형태로 어느 정도 재화의 재분배를 성취해내었다. 한국에서도 가열차게 전개된 노동운동과 민주화운동에 힘입어 분배의 정의가 어느 정도 실현된 것은 사실이다. 그러나 투쟁일변도의 노동운동으로는 현재 직면한 범세계적 경제모순을 해소하기에는 역부족이다. 하지만 만약 기득권을 버리는 신비주의의 지혜로 돌아가면, 해결의 중심축으로서의 기능을 충분히 발휘할 것으로 보인다.

해결의 실마리는 일자리 나누기이다. 자기가 받는 임금을 절반수준으로 삭감하여 한 명의 일자리를 만드는 방식으로 비정규직과 실업문제를 해결하는 것이다. 그 다음은 노동자와 사용자의 구분을 불식하여 주인으로서 생산의 전 과정에 참여하여 경영의 투명화를 이루어내고, 그 후에는 양에서 질로의 지속가능한 경제모델을 창출하는 것이다. 이는 적게 생산하고 적게 소비하는 대신 자기탐험의 자유시간을 즐기고 뭇 생명과 함께 하는 절대평등의 새로운 삶으로 나가는 방법이다.

현대인에게 일반적으로 알려진 것과는 달리, 진정한 신비주의는 개인주의적인 자기만족이나 심리적인 자아도취가 아니다. 현실로부터의 회피나 도피도 아니고, 현상계의 운동원리를 부정하는 비역사주의나 정적주의는 더욱 아니다.[45] "신비주의는 이 세상을 도피하거나 이 세상에 등을 돌리는 것이 아니라 이 세상에 열정적으로 헌신하는 요소를 항상 지녀왔던 것이다."[46]

신과 하나됨의 상태에서 일어나는 모든 활동과 행동은 사심 없는 사랑이고, '무아'의 상태에서 신성의 '참나'가 어떤 욕심이나 집착도 없이 어떤 대가나 인정도 바라지 않고 행하는 사랑이다. 자아중심의 이기성과 독단성, 소유욕과 지배욕, 출세욕과 지위욕을 초월한 순수한 사랑이기 때문에, 무차별적이고 무조건적이다. 무한하고 변하지 않는 것이다. 사랑의 주체와 대상의 구분도 없으며, 사랑한다는 생각조차 없이 행하는 실천이다. 우리 모두 내면의 무한자로 돌아가는 자기의 신성회복에 의한 무아의 사랑만이, 지금까지 서로가 서로에게 이리로 살아온 피로 얼룩진 계급지배와 계급착취의 인류역사를 종식시킬 것이다. 만인이 만인에게 자유이고 행복이며, 축복이고 기쁨인 새로운 역사의 창조로 이끌 것이다.[47]

<h1>주</h1>

1) Cooley, Charles H. *Human Nature and the Social Order*, New York: Schocken, 1964.

2) Mead, George. H. *Mind, Self, and Society*, Chicago: University of Chicago Press, 1934.

3) James, William. *The Varieties of Religious Experience*, New York: Collier Macmillan, 1961.

4) "신비주의의 역사철학적 의의", 『담론 201』 5/1: 금인숙, 2002, p.128.

5) 인도의 고대사와 관련된 연대기는 모두 확실하지 않다. 아직도 확인되고 합의된 정보가 없기 때문이다. 일반적으로 실제의 년도들은, 여기서 제시된 추정 년도들보다는 훨씬 더 오래되었을 것으로 보고 있다.

6) 베다는 지식을 의미한다. 베다경전을 구성하고 있는 4종류 가운데 나머지는 사마 베다(Sama Veda), 야주르 베다(Yajur Veda), 그리고 아타르바 베다(Atharva Veda)이다.

7) 인도-유럽민족으로 불리는 아리안들이 이주해온 년도는, 아직도 확실하지 않다. 일부에서는 기원전 1,800년에서 1,200년에 해당하는 기간으로 추정한다. 반면에 3,000년에서 3,250년으로 보는 학자들도 존재한다.

8) 바가바드는 '지극히 존귀한 자'를, 가타는 '노래'를 뜻한다.

9) '수'라는 어의에서 파생한 단어이다. 따라서 상키야에는 '계산' '분석' '조사' '구별'과 같은 근대과학적 의미가 포함되어 있다.

10) 엘리아데, 정위교 옮김, 『요가: 불멸성과 자유』, 고려원, 1991.

11) 탄트리즘의 어원 탄트라(tantra)는 자기 자신에 대한 앎과 깨달음이 계속하여 확대되는 과정을 뜻한다.

12) 인(因)은 마음의 변화를 일으키는 요인이 자기 내부에 있는 원인임을 의미한다. 따라서 인에 의한 마음의 변화는 인과적 분석이나 설명이 가능하다. 반대로 연(緣)은 외부의 조건을 의미한다. 여러 환경적 요인이 복합적으로 작용하므로, 마음

의 변화에 대한 상황분석은 할 수 있으나 인과적 설명은 불가능하다.

13) Holroyd, Stuart. *The Elements of Gnosticism,* Rockport, Massachusetts: Element Inc., 1989.

14) Jonas, Hans. *The Gnostic Religion,* Rockport, Boston: Beacon Press, 1963.

15) Gillabel, Dirk. "Gnosticism, Answers To Who We Are," http://www. soul-guidance.com/houseofthesun/gnosticism.htm, 2001, p.3.

16) 세르주 위탱, 황준성 옮김,『신비의 지식, 그노시즘』, 문학동네, 1991, p.11.

17) Loflin, Lewis. "Overview of Gnosticism", http://www.sullivan-county.com /id2/gnosticism.htm, 2002, p.1.

18) 에리히 프롬, 김재기 옮김, 1997.『종교와 정신분석』, 두영, p.100.

19) 게하르트 베어, 조원규 옮김,『유럽의 신비주의』, 자작, 2001, pp.26-27.

20) McGinn, Bernard. *The Foundations of Mysticism,* New York: Crossroad, 1999, pp.44-55.

21) 플로티누스의 신비철학은, 초기시대의 교부였던 아우구스티누스로 하여금 회심하여 기독교로 귀의하게 만들 정도로 깊은 영향을 미쳤다.

22) Eliade, Mircea. "Mysticism," *The Encyclopedia of Religion,* New York: MacMiillan, 1968, p.254. 그리고 윌리암 존스톤, 이원석 옮김,『禪과 기독교 신비주의』, 대원정사, 1995, p.262.

23) Eliade, Mircea. 같은 책, p.256.

24) 카렌 암스트롱, 장병옥 옮김,『이슬람』, 을유문화사, 2003, 97쪽.

25) Eliade, Mircea. 같은 책, p.257.

26) 정성본,『선의 역사와 사상』, 불교시대사, 1999, pp.163-167.

27) 유인학,『단전수련의 길잡이』, 초록배매직스, 1984, pp.6-13 과 김호언,『단전호흡』, 한국방송사업단, 2003, p.201.

28) 류인학,『우리 명산 답산기』1권, 자유문학사, 1995.

29) 석가의 동시대인으로 자이나교(Jainism)의 창시자이다. 마하비라는 존칭으로 번뇌에서 벗어나 해탈을 얻은 자라는 의미라고 한다.

30) 파라마한사 요가난다, 김정우 옮김,『나는 히말라야의 요기
    였다』(하), 정신세계사, 1985.

31) Kakar, Sudhir. *The Analyst and the Mystic*, Chicago: University of
    Chicago Press, 1991, p.5.

32) Kakar, Sudhir. *The Analyst and the Mystic*, Chicago: University of
    Chicago Press, 1991, p.8.

33) 같은 책, pp.8-9.

34) 라마나 마하리쉬, 이호준 옮김,『나는 누구인가』, 청하, 1998,
    pp.61-62.

35) 이기반,『히말라야의 눈꽃』, 홍성사, 1997, p.187.

36) McGinn, Bernard. 1999. *The Foundations of Mysticism*, New York:
    Crossroad, pp.44-45.

37) 러셀, 최홍민 옮김,『서양철학사』하권, 집문당, 1987, pp.784-
    787.

38) 후설/핑크, 이종훈 옮김,『데카르트적 성찰』, 한길사, 2002,
    p.48.

39) Russell, Bertrand. *Mysticism and Logic*, New York: Dover, 2004, p.1.

40) 포터, 조경숙 옮김,『2500년 과학사를 움직인 인물들』, 창작
    과비평사, 1999, p.122.

41) 이블린 폭스 켈러, 김재희 옮김,『생명의 느낌』, 양문사, 2001,
    p.202.

42) 같은 책, pp.331-332.

43) King, Ursula. *The Spirit of One Earth*, New York: Paragon House,
    1989.

44) Chattopadhyaya, D. P. *Sri Aurobindo and Karl Marx*, Delhi: Motilal
    Banarsidass, 1976.

45) 머튼, 이영주 옮김,『신비주의와 선의 대가들』, 고려원미디
    어, 1994, p.22.

46) 제3시대그리스도교연구소 웹진, 손성현 옮김, "신비주의와 저
    항." http://sgti.kehc.org/data/person/soelle/5.htm, 2005.

47) 금인숙,「신비주의의 역사철학적 의의」,『담론 201』5/1:,
    2002, p.137.

프랑스엔 〈크세주〉, 일본엔 〈이와나미 문고〉, 한국에는 〈살림지식총서〉가 있습니다.

📖 전자책 | 🔍 큰글자 | 🔊 오디오북

신비주의 요가, 영지주의, 연금술, 수피주의

펴낸날	초판 1쇄 2003년 2월 28일
	초판 6쇄 2022년 6월 3일

지은이	금인숙
펴낸이	심만수
펴낸곳	(주)살림출판사
출판등록	1989년 11월 1일 제9-210호

주소	경기도 파주시 광인사길 30
전화	031-946-1350 팩스 031-624-1356
홈페이지	http://www.sallimbooks.com
이메일	book@sallimbooks.com

ISBN	978-89-522-0484-4 04080
	978-89-522-0096-9 04080 (세트)

※ 값은 뒤표지에 있습니다.
※ 잘못 만들어진 책은 구입하신 서점에서 바꾸어 드립니다.

376 좋은 문장 나쁜 문장

eBook

송준호(우석대 문예창작학과 교수)

어떻게 좋은 문장을 쓸 수 있을 것인가? 우선 좋은 문장이 무엇이고 그렇지 못한 문장은 무엇인지 알아야 할 것이다. 대학에서 글쓰기 강의를 오랫동안 해 온 저자가 수업을 통해 얻은 풍부한 사례를 바탕으로 문장교육을 제대로 받지 못한 독자들에게 좋은 문장으로 가는 길을 제시하고 있다.

051 알베르 카뮈

eBook

유기환(한국외대 불어과 교수)

알제리에서 태어난 프랑스인, 파리의 이방인 알베르 카뮈에 대한 충실한 입문서. 프랑스 지성계에 혜성처럼 등장한 카뮈의 목소리는 늘 찬사와 소외를 동시에 불러왔다. 그 찬사와 소외의 이유, 그리고 카뮈의 문학, 사상, 인생의 이해와, 아울러 실존주의, 마르크스주의 등 20세기를 장식한 거대담론의 이해를 돕는 책.

052 프란츠 카프카

eBook

편영수(전주대 독문과 교수)

난해한 글쓰기와 상상력으로 문학사에 커다란 발자취를 남긴 카프카에 관한 평전. 잠언에서 중편 소설「변신」그리고 장편 소설『실종자』와『소송』그리고『성』에 이르기까지 카프카의 거의 모든 작품에 대한 해석을 담고 있다. 또한 이 책은 카프카의 잠언과 노자의 핵심어인 도(道)의 연관성을 추적하는 등 새로운 관점도 보여 준다.

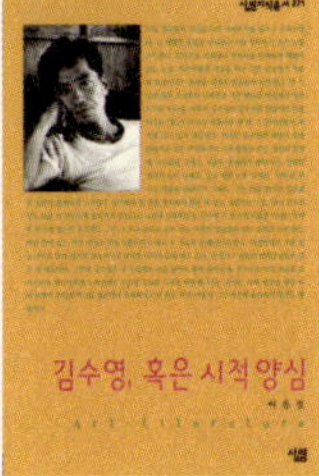

271 김수영, 혹은 시적 양심

eBook

이은정(한신대 교양학부 교수)

힘과 새로움으로 가득 차 있는 김수영의 시 세계. 그 힘과 새로움의 근원을 알아보고 지금까지와는 다른 새로운 독법으로 그의 시 세계를 살펴본다. 그와 그의 시에 대해 깊은 애정을 가진 저자는 김수영의 이해를 위한 충실한 안내자 역할을 자처한다. 김수영의 시 세계를 향해 한 발 더 들어가 보고자 하는 독자들에게 유익한 책이다.

369 도스토예프스키

eBook

박영은(한양대학교 HK 연구교수)

『카라마조프가의 형제들』과 『죄와 벌』로 유명한 러시아의 대문호 도스토예프스키. 그의 작품에 등장하는 생생한 인물들은 모두 그의 힘들었던 삶의 경험과 맞닿아 있다. 한 편의 소설 같은 삶을 살았으며, 삶이 곧 소설이었던 작가 도스토예프스키의 생의 한가운데 서서 그 질곡과 영광의 순간이 작품에 어떻게 드러나는지를 살펴본다.

245 사르트르 참여문학론

eBook

변광배(한국외대 불어과 강사)

사르트르의 『문학이란 무엇인가』에서 전개된 참여문학론을 소개하면서 억압받는 자들을 위한다는 기치를 높이 들었던 참여문학론의 의미를 성찰한다. 참여문학론의 핵심을 이루는 타자를 위한 문학은 자기 구원의 메커니즘에 문제가 생겼을 때 이 문제를 해결하고, 그 메커니즘을 보충하는 이차적이고도 보조적인 문학론이라고 말한다.

338 번역이란 무엇인가

eBook

이향(통역사)

번역에 대한 관심이 날로 늘어 가고 있다. 추상적이거나 어렵게 느껴지는 번역 이론서들, 그리고 쉽게 읽히지만 번역의 전체 그림을 바라보기에는 부족하게 느껴지는 후일담들 사이에 다리를 놓는 이 책은 번역의 이론과 실제를 동시에 접하여 번역의 큰 그림을 그리고자 하는 독자들에게 안성맞춤이다.

446 갈매나무의 시인, 백석

eBook

이숭원(서울여대 국문과 교수)

남북분단 이후 북에 남았지만, 그를 기리는 많은 이들의 노력으로 백석은 현재 우리나라에서 가장 주목받는 시인 중 한 사람이다. 이 책은 시인을 이해하는 많은 방법 중 '작품'을 통해 다가가기를 선택한 결과물이다. 음식 냄새 가득한 큰집의 정경에서부터 '흰 바람벽'이 오가던 낯선 땅 어느 골방에 이르기까지, 굳이 시인의 이력을 들춰보지 않더라도 그의 발자취가 충분히 또렷하다.

053 버지니아 울프 살아남은 여성 예술가의 초상 | eBook

김희정(서울시립대 강의전담교수)

자신만의 독창적인 글쓰기 방식을 남기고 여성작가로 살아남는다는 것이 어떤 의미를 갖는지를 보여 준 버지니아 울프와 그녀의 작품세계에 관한 평전. 작가의 생애와 작품이 어우러지는 지점들을 추적하는 방식으로, 모더니즘 기법으로 치장된 울프의 언어 저변에 숨겨진 '여자이기에' 쉽게 동감할 수 있는 메시지들을 해명한다.

018 추리소설의 세계

정규웅(전 중앙일보 문화부장)

추리소설의 역사는 오이디푸스 이야기까지 거슬러 올라간다. 저자는 고전적 정통 기법에서부터 탐정의 시대를 지나 현대에 이르기까지 추리소설의 역사와 계보를 많은 사례를 들어 재미있게 설명하고 있다. 추리소설의 'A에서 Z까지', 누구나 그 추리의 세계로 쉽게 빠져들게 하는 책이다.

199 디지털 게임 스토리텔링 | eBook

한혜원(이화여대 디지털미디어학부 교수)

디지털 시대의 새로운 이야기 양식을 소개한 책. 디지털 패러다임의 중심부에 게임이 있다. 이 책은 디지털 게임의 메커니즘을 이야기 진화의 한 단계로서 설명한다. 게임의 역사에 있어서 중요한 패러다임의 변화, 게임이라는 새로운 지평에서 펼쳐지는 새로운 이야기 양식에 대한 분석 등이 흥미롭게 소개된다.

326 SF의 법칙

고장원(CJ미디어 콘텐츠개발국 국장)

과학의 시대다. 소설은 물론이거니와 영화, 애니메이션, 만화, 게임 등 온갖 형태의 콘텐츠가 SF 장르에 손대고 있다. 하지만 SF 콘텐츠가 각광을 받고 있는 것에 비해 이 장르에 대한 깊이 있는 이해를 도울 만한 마땅한 가이드북이 존재하지 않는다. 이 책은 이러한 아쉬움을 채워주기 위한 작은 출발점이 될 것이다.

(주)살림출판사

www.sallimbooks.com

주소 경기도 파주시 문발동 522-1 | 전화 031-955-1350 | 팩스 031-955-1355